Elena Novik

Kreditinstitute und Einlagensicherung

Rechtliche Grundlagen im
Fall einer Bankinsolvenz

Diplomica Verlag GmbH

Novik, Elena: Kreditinstitute und Einlagensicherung: Rechtliche Grundlagen im Fall einer Bankinsolvenz. Hamburg, Diplomica Verlag GmbH 2013

Buch-ISBN: 978-3-8428-8449-6
PDF-eBook-ISBN: 978-3-8428-3449-1
Druck/Herstellung: Diplomica® Verlag GmbH, Hamburg, 2013

Bibliografische Information der Deutschen Nationalbibliothek:
Die Deutsche Nationalbibliothek verzeichnet diese Publikation in der Deutschen Nationalbibliografie; detaillierte bibliografische Daten sind im Internet über http://dnb.d-nb.de abrufbar.

Das Werk einschließlich aller seiner Teile ist urheberrechtlich geschützt. Jede Verwertung außerhalb der Grenzen des Urheberrechtsgesetzes ist ohne Zustimmung des Verlages unzulässig und strafbar. Dies gilt insbesondere für Vervielfältigungen, Übersetzungen, Mikroverfilmungen und die Einspeicherung und Bearbeitung in elektronischen Systemen.

Die Wiedergabe von Gebrauchsnamen, Handelsnamen, Warenbezeichnungen usw. in diesem Werk berechtigt auch ohne besondere Kennzeichnung nicht zu der Annahme, dass solche Namen im Sinne der Warenzeichen- und Markenschutz-Gesetzgebung als frei zu betrachten wären und daher von jedermann benutzt werden dürften.

Die Informationen in diesem Werk wurden mit Sorgfalt erarbeitet. Dennoch können Fehler nicht vollständig ausgeschlossen werden und die Diplomica Verlag GmbH, die Autoren oder Übersetzer übernehmen keine juristische Verantwortung oder irgendeine Haftung für evtl. verbliebene fehlerhafte Angaben und deren Folgen.

Alle Rechte vorbehalten

© Diplomica Verlag GmbH
Hermannstal 119k, 22119 Hamburg
http://www.diplomica-verlag.de, Hamburg 2013
Printed in Germany

Inhalt

1	Einleitung	1
2	Rechtsgrundlagen und Systeme der Einlagensicherung bei Kreditinstituten	4
2.1	Geschichtliche Entwicklung der Einlagensicherung:	4
2.2	Ziele und Funktionen der Einlagensicherung	7
2.2.1	Begriff Einlagen:	8
	Einlagearten	11
2.2.2	Begriff Einlagensicherung:	12
3	Institutionen und Grundlagen der Einlagensicherung und der Bankenaufsicht,	14
3.1	Europäisches System der Zentralbanken (ESZB)	15
3.2	Bestimmungen des KWG zur Einlagensicherung	15
3.3	Bundesanstalt für Finanzdienstleistungsaufsicht (BaFin)	19
3.3.1	Grundsätze des Bundesaufsichtsamtes für das Kreditwesen (BAK)	20
3.3.2	das Bundesaufsichtsamt für den Wertpapierhandel (BAWe)	21
3.4	Einlagensicherungs- und Anlegerentschädigungsgesetz (EAEG)	21
3.4.1	Richtlinie zur Einlagensicherung	21
3.4.2	Richtlinie zur Anlegerentschädigung	22
3.5	Bestimmungen des HGB	24
3.6	Liquiditäts-Konsortialbank	26
3.7	Finanzmarkt Stabilisierungsfondsgesetz (FMStFG)	27
3.8	Basel III (BUNDESBANK)	27
4	Banken und Bankensysteme	29
4.1	Sparkassen und Girozentralen	29

4.2	Einlagensicherungsfonds der Volks- und Raiffeisenbanken ... 29
4.3	Privat- bzw. Kreditbanken 30
5	Träger der Einlagensicherung und Ausgestaltungsformen ... 32
5.1	Gesetzliche Einlagensicherung 33
5.1.1	Entschädigungseinrichtung deutscher Banken GmbH (EdB) 33
5.1.2	Entschädigungseinrichtung des Bundesverbandes Öffentlicher Banken (EdÖ) 34
5.1.3	Entschädigungseinrichtung für Wertpapierhandelsunternehmen (EdW) 34
5.2	Institutssicherung und freiwillige Einlagensicherung 35
5.2.1	Einlagensicherung des Bundesverbandes Öffentlicher Banken (VÖB) 36
5.2.2	Einlagensicherung des Bundesverbandes deutscher Banken (BdB) 37
6	**Maßnahmen in besonderen Fällen** **39**
6.1	Maßnahmen zur Vermeidung von Insolvenzgefahr 40
6.1.1	Maßnahmen bei unzureichenden Eigenmitteln oder unzureichender Liquidität §45 KWG 40
6.1.2	Maßnahmen bei Gefahr §46 KWG 41
6.1.3	Maßnahmen bei Insolvenzgefahr §46a KWG 43
6.1.4	Insolvenzantrag §46b KWG 46
6.1.5	Moratorium, Einstellung des Bank- und Börsenverkehrs §47 KWG 48
6.1.6	Insolvenzrechtliche Eingriffstatbestände und Antragstellung durch die Aufsicht §§17-19 InsO und ihre Bedeutung für die Bankinsolvenz 49
7	**Die Aufsichtsrechtliche Bedeutung des Eigenkapitals** **51**
7.1	Definition des haftenden Eigenkapitals 52
7.2	Kernkapital 52

7.2.1	RECHTSFORMSPEZIFISCHES KERNKAPITAL	53
7.2.2	RECHTSFORMUNABHÄNGIGES KERNKAPITAL	54
7.2.3	WEITERE KERNKAPITALBESTANDTEILE	54
7.3	ERGÄNZUNGSKAPITAL	55
8	**DIE ALLGEMEINEN GESCHÄFTSBEDINGUNGEN**	**56**
8.1	ALLGEMEINE GESCHÄFTSBEDINGUNGEN DER BANKEN (AGB-BANKEN)	56
8.1.1	STATUT DES EINLAGENSICHERUNGSFONDS	57
8.2	ALLGEMEINE GESCHÄFTSBEDINGUNGEN DER SPARKASSEN (AGBSP)	57
9	**ZUSAMMENFASSUNG**	**58**
10	**ANHANG**	**V**
10.1	DEFINITIONEN	VI
10.2	ABKÜRZUNGSVERZEICHNIS	VIII
10.3	INHALTSVERZEICHNIS INTERNET-SEITEN	X
10.5	INHALTSVERZEICHNIS LITERATUR	XI

1 Einleitung

Es ist Januar 2008 in Kiew, der ukrainischen Hauptstadt. Die kleinen Verkaufsstände, die noch vor ein paar Monaten ihr Geschäft betrieben hatten, sind geschlossen. An vielen ist ein Verkaufsschild angebracht. Nach einigen Minuten Weiterfahrt sehe ich vor einer mit einem großen Schloss verriegelten Tür mindestens 15 Menschen Schlange stehen. Diese Szene sehe ich wiederholt im Laufe einiger Tage an unterschiedlichen Türen. Dann stelle ich laut denkend die Frage: „Worauf warten denn diese Menschen da?". Die Antwort klingt verwirrend. Die Menschen würden vor ihrer Bank stehen und warten, bis sie eventuell öffnet. „Warum?" Damit sie noch das Geld, welches auf ihrem Konto oder Sparbuch ist, abheben können. „Und wenn die Bank nicht öffnet?" – „Dann ist sie insolvent und hat kein Geld mehr. Dann gibt es nichts zu holen. Pech gehabt."

Diese Antworten lassen mich für einige Minuten nachdenken. Ich realisiere, dass ich in der Ukraine bin. Hier ist alles etwas anders. Und wie ist es in Deutschland? Sind meine Einlagen in Deutschland vor solchen Krisen sicher? Wie werden die Einleger von unserem System geschützt? Welchen Anspruch haben sie?

Bankgeschäfte sind Vertrauensgeschäfte. Die Bankkunden vertrauen ihre Ersparnisse und ihr Geld den Banken an. Doch welches Risiko ist damit verbunden wenn das Geld einer Bank anvertraut wird?

Die Einlagensicherung und Anlegerentschädigung sind wesentliche Bestandteile für die Stabilität eines auf Vertrauensbasis gestützten Finanzmarktes. Im Wettbewerb um die Einleger ist diejenige Bank im Vorteil, der die Einleger bezüglich der vollständigen und fristgerechten Rückzahlung ihrer Einlagen das Vertrauen entgegen bringen. Das Vertrauen in eine Bank kann gefördert werden, indem die Sicherheit der Einlagen erhöht wird.

Die immer wieder auftretenden Krisenfälle im Finanzsystem führen dazu, dass immer mehr Kontrolle der Banken und des finanziellen Sektors eingeführt wird. Das Bankenaufsichtsrecht ist in die Schlagzeilen gerückt, wie schon lange nicht mehr. Die Begriffe Finanzmarkt– bzw. Bankenkrisen dominierten noch vor einigen Monaten in den Medien und in der Politik.

Europa machte kürzlich wirtschaftlich schwierige Zeiten durch. Die europäische Krise findet ihre Ursache tausende Kilometer entfernt. Was als ein paar unkluge Kreditvergabeentscheidungen in den USA begann, breitete sich über den Globus aus und versetzte viele Länder in eine große Depression.
Insbesondere die bedrohlichen Liquiditätsprobleme der Hypo Real Estate machten Kopfzerbrechen. Sämtliche Länder überlegten sich, wie solche Fälle reguliert werden können und den Einlegern Schutz geboten werden kann.

Auf europäischer Ebene zeichnen sich neue Aufsichtsstrukturen ab. Neue Gesetze gelten ab 2011 und die entsprechende Literatur befindet sich im Druck.

Denn Bankeninsolvenzen sind kein „Normalfall" einer Insolvenz. Wenn eine Bank insolvenzhalber schließt, so wird es in den Zeitungen laut diskutiert. Bei einer Bankschließung kommen den Einlegern, anders als bei einem vergleichbaren Unternehmen, Sorgen um die Existenz auf. Über das Scheitern wird öffentlich spekuliert und berichtet und vieles diskutiert.

Von besonderem Interesse ist die Bankeninsolvenz für Juristen. Die Banken, die als Kreditversorger der Wirtschaft, Verwalter der Ersparnisse der Bevölkerung und Gewährleister des Zahlungsverkehrs gelten, nehmen eine Sonderstellung ein. Es gilt die Annahme, dass eine Bank nicht als einzige ausfällt, und mit sich andere ins Chaos stürzt.
Die Gefahr von Bankeninsolvenzen nimmt trotz wirtschaftspolitischer Regelungen und Gesetzgebungen stetig zu. Die Wahrscheinlichkeit von Bankeninsolvenzen wächst, der internationale Wettbewerb wird aggressiver, schärfere Regelungen für Bankeninsolvenzen in Deutschland werden nötig.

Im Regelfall müssen wir akzeptieren, dass Bankeninsolvenzen, in erster Linie auf die Fehler der Geschäftsleitung und deren Fehlverhalten und Fehleinschätzung am Markt, zurückzuführen sind.

Die rechtliche Behandlung von Bankeninsolvenzen ist kaum im allgemeinen Insolvenzrecht verwurzelt. Diese Regulierung ist eher im besonderen Ordnungsrahmen für die staatliche Regulierung des Kreditwesens zu finden.

Mit der vorliegenden Arbeit möchte ich einen Einblick in den Finanzsektor geben, der für mich bisher völlig fremd war. Von einem Bank-Laien für Bank-Laien sollen die Einlagensicherungsstrukturen und Mechanismen aufgeführt werden. Insgesamt soll ein Überblick über die aktuelle Regelungen, Sicherungsbeträge und das Gesamtsystem dargestellt werden. Basierend auf diesen Grundlagen soll die Insolvenzrechtliche Regelung dargestellt werden.

2 Rechtsgrundlagen und Systeme der Einlagensicherung bei Kreditinstituten

2.1 Geschichtliche Entwicklung der Einlagensicherung:

Manchmal können Bankzusammenbrüche auch durch eine noch so strenge Aufsicht nicht vermieden werden. Um solche Krisen zu bewältigen sind in Deutschland verschiedene Sicherungseinrichtungen geschaffen worden. In Deutschland finden sich die frühesten Ansätze zu einer Absicherung der Einleger im Falle der Insolvenz ihrer Bank.[1]

Die Diskussion um die Einlagensicherung begann bereits im 19. Jahrhundert nach einer ersten Welle von Bankeninsolvenzen. Damals unterlag das Betreiben von Bankgeschäften noch keiner staatlichen Regelung.[2] Wohl noch unter dem Eindruck der Ereignisse der gerade überstandenen Banken- und Wirtschaftskrise wurden von den Genossenschaften die ersten Garantiefonds eingerichtet.

Der Zusammenbruch der „Darmstädter und Nationalbank" (Danatbank) in 1931 ist ausschlaggebend für die Entwicklung des Bankenaufsichts- und Bankeninsolvenzrechts.[3] Infolge dieses Zusammenbruchs kollabierte das deutsche Bankwesen fast vollständig, da es bereits durch die Weltwirtschaftskrise und die seit Ende des 1. Weltkrieges lastenden Reparationsverpflichtungen stark geschwächt war. Nur mit massiver staatlicher Unterstützung konnte es wieder aufgerichtet werden. Die Reichsregierung griff bereits in der Krise durch Anordnung allgemeiner „Bankfeiertage", um Ruhe in den Markt zu bringen und die „Flucht ins Bargeld" zu stoppen, ein. 1934 gab es das erste deutsche Kreditwesengesetz. Dieses führte - teilweise zurückgehend auf die 1931 erlassenen Notverordnungen – erstmals im Wege formeller Gesetzgebung Regelungen für die Einrichtung einer Aufsichtsbehörde ein: Das Aufsichtsamt für das Kreditwe-

---

[1] Bankeninsolvenzen im Spannungsfeld, Duncker & Humblot, Berlin, 2005, S. 462
[2] Einlagensicherung und Wettbewerb, Nomos Verlagsgesellschaft, 1997, S. 48
[3] Bankeninsolvenzen im Spannungsfeld, Duncker & Humblot Berlin, 2005, S. 53

sen als zuständige Behörde mit Richtlinienkompetenz (Vgl. §§30, 32 IV KWG 1934).

Seit Gründung der Bundesrepublik Deutschland und Ende des 2. Weltkrieges war das deutsche Kreditwesen von lang anhaltender Stabilität geprägt. Oftmals wurden Fehler der Geschäftsführung in Verbindung mit Größenrisiken die Hauptursache für die Insolvenzen. Auch wurden nicht alle insolventen Institute liquidiert. Häufig wurde eine „stille" Liquidation durchgeführt.

Das neue Kreditwesengesetz, welches in seinen Grundzügen noch bis heute gilt, trat 1961 in Kraft. Die Bundesregierung hatte zu prüfen, inwieweit die Schaffung allgemeiner Sicherungseinrichtungen einen besseren Schutz für die Einleger bietet und die Unterschiede im Wettbewerb zwischen den Kreditinstituten abschafft. [4]

Die Bankenverbände bauten ihre Sicherungseinrichtungen aus, um eine allgemeine, staatlich verordnete Einlagensicherung zu verhindern. Zunächst hatte das private Bankgewerbe als einzige Institutsgruppe auf eine gesetzliche Regelung gedrungen, wodurch sich 1969 die Verbände auf ein System freiwilliger Einlagensicherungen einigten. Sparkassen, die bis dahin über keine institutionellen Sicherungseinrichtungen verfügten, schufen ebenfalls 1969 ein System von Stützungsfonds auf Regionalebene. Die Kreditgenossenschaften verstärkten ihre Einrichtungen ebenfalls.[5] In Anbetracht der freiwilligen Maßnahmen der deutschen Kreditwirtschaft verzichtete der Gesetzgeber auf eine gesetzliche Regelung.

Als 1974 die Herstatt-Bank geschlossen wurde, waren die Einleger durch die Sicherungseinrichtung des Bundesverbands deutscher Banken e. V. nur bis zum Betrag von 20.000 DM geschützt.[6] Der Fonds wurde Anfang 1974 (kurz vor dem Herstatt-Zusammenbruch) aufgrund des Vergleichsantrages des Hamburger Bankhauses Mertz & Co, nochmals verbessert. Die Entschädigungs-

---
[4] Einlagensicherung und Wettbewerb, Nomos Verlagsgesellschaft, 1997, S. 50
[5] Der Einlagensicherungsfonds des Bundesverbandes deutscher Banken im Lichte des Versicherungsrechts, VVW Karlsruhe, 1990, S. 18
[6] Einlagensicherung und Wettbewerb, Nomos Verlagsgesellschaft, 1997, S. 52

grenze wurde von 10.000 DM auf 20.000 DM angehoben. Außerdem wurde der Einlagenschutz auf alle Sicht- und Termineinlagen natürlicher Personen ausgedehnt.[7]

Die Frage nach einer ausreichenden Sicherung von Einlagen wurde erneut diskutiert. Der Fall Herstatt führte vor allem zu einer wirtschaftspolitischen Debatte über die Ausgestaltung der Bankenaufsicht in Deutschland und führte somit zur Ausweitung der bestehenden Einlagensicherungsmechanismen. Auch eine umfassende Verstaatlichung des Kreditwesens wurde erwogen. Mit der KWG-Novelle 1976 sollte nicht nur das öffentliche Vertrauen wieder hergestellt werden. Dem Bundesaufsichtsamt wurden neue Kompetenzen eingeräumt. Dieses hatte bei drohender Insolvenz, das Recht, die Eröffnung eines Konkursverfahrens über Kreditinstitute zu beantragen.[8] Eine „Liquiditäts-Konsortialbank" wurde durch die Deutsche Bundesbank zusammen mit allen Gruppen der Kreditwirtschaft gegründet. Gegenstand der sog. „Likobank" sind Bankgeschäfte mit Kreditinstituten zur Sicherung ihrer Liquidität mit gesamtwirtschaftlicher Zielsetzung, die bankmäßige Abwicklung des Zahlungsverkehrs zu gewährleisten. Die Likobank gewährt nur Liquiditäts-, nicht jedoch Bonitätshilfe und greift somit nur ein, wenn die Liquiditätskrise nicht aus einer Überschuldung resultiert.[9]

Seit 1994 bestand eine Empfehlung der EU-Kommission zu einer gesetzlichen Verpflichtung von Banken zur Teilnahme an Sicherungssystemen[10], die 1997 durch eine verbindliche Richtlinie abgelöst wurde.[11]

Diese Richtlinie wurde in Deutschland durch das Einlagensicherungs- und Anlegerentschädigungsgesetz (EAEG) umgesetzt. Aufgrund einer Novelle der EU-Einlagensicherungsrichtlinie im Zusammenhang mit der Bankenkrise 2008 wurde das EAEG grundlegend überarbeitet. (EAEG-neu)

---

[7] Der Einlagensicherungsfonds des Bundesverbandes deutscher Banken im Lichte des Versicherungsrechts, VVW Karlsruhe, 1990, S. 19
[8] Bankeninsolvenzen im Spannungsfeld zwischen Bankaufsichts- und Insolvenzrecht, Duncker & Humblot Berlin, 2005, S. 59
[9] Der Einlagensicherungsfonds des Bundesverbandes deutscher Banken im Lichte des Versicherungsrechts, VVW Karlsruhe, 1990, S. 24
[10] Richtlinie 94/19/EG des Europäischen Parlaments und des Rates vom 16.Mai 1994 über Einlagensicherungssysteme
[11] Richtlinie 97/9/EG des Europäischen Parlaments und des Rates vom 3.März 1997 über Anlegerentschädigungssysteme

2.2 Ziele und Funktionen der Einlagensicherung

„A deposit insurance system generally has two separate but complementary objectives within the overall framework of the financial safety net. The first is to contribute to the stability of the financial system as an adjunct to the central bank's lender of last resort function. The second is to provide a minimum level of protection to the wealth of the average household in the event of a bank failure."[12] Entsprechende Ziele finden sich in der EG-Einlagensicherungsrichtlinie, die die "Stabilität des Bankensystems und den Schutz der Sparer" nennt.[13]

Die Einlagensicherung soll demnach einerseits die „Runs" im Krisenfall zurückhalten und somit vor einem Umsturz des gesamten Bankensektors und des Vertrauensverlustes schützen. Zeitgleich sollen die Folgen einer Insolvenz gemildert werden, deren Eintritt für Privatleute oft aufgrund mangelnder Einsicht in die finanzielle Situation des jeweiligen Kreditinstituts, nicht vorhersehbar ist.[14]

In unserer marktwirtschaftlich organisierten Geldwirtschaft besteht für rechtlich haftende wirtschaftliche Entscheidungsträger die Notwendigkeit, jederzeit zahlungsfähig zu sein. Nur unter der Voraussetzung der Bereitstellung entsprechender Zahlungsmittel können eingegangene Leistungsversprechen vertragstreu (nach Leistungsumfang, Leistungsobjekt und Leistungstermin) erfüllt werden. Und dennoch zeigt die Geschichte, dass Bankinsolvenzen nicht gänzlich vermeidbar waren. Sowohl menschliches Fehlverhalten und Fehleinschätzungen als auch Wettbewerbsgründe waren Auslöser für diese Ausfälle.

Die Ausgestaltung von Einlagensicherungssystemen gehört insbesondere in Deutschland zu den besterforschten Aspekten von Bankeninsolvenzen.

Die Einlagensicherung in der BRD ist entsprechend der drei wesentlichen Sektoren des Bankgewerbes und basiert auf einem gruppenspezifischen Fondsystem auf freiwilliger Basis. Sie setzt sich aus den Sicherungseinrichtungen der

---

[12] The Design and Implementation of Deposit Insurance Systems, International Monetary Fund, 2006, S. 5
[13] Richtlinie 94/19/EG
[14] Bankeninsolvenzen im Spannungsfeld zwischen Bankaufsichts- und Insolvenzrecht, Duncker & Humblot, 2005, S. 452

privaten Banken, des Sparkassenbereichs und der Kreditgenossenschaften zusammen, die bei ihren jeweiligen Verbänden eingerichtet sind.[15] Obwohl diese Sicherungseinrichtungen teilweise freiwillige Einrichtungen sind, ist dieses Sicherungssystem auch gesetzlich im Kreditwesen verankert.[16]

Der Bundesverband Öffentlicher Banken Deutschland ist mit der Schaffung eines Einlagensicherungssystems seiner besonderen Verantwortung für ein umfassendes deutsches Sicherungssystem nachgekommen. Es bietet die optimale Sicherheit für den Kunden und stärkt ihr Vertrauen in ihre Bank und in das System insgesamt.[17]

Bevor jedoch auf die Grundzüge der Einlagensicherung und die einzelnen Systeme und Instrumente der Einlagensicherung näher eingegangen wird, sollen zuvor einige Grundbegriffe erläutert werden:

2.2.1 Begriff Einlagen

Trotz vieler Untersuchungen und Maßnahmen zur Sicherung von Einlagen fehlt eine genaue Definition des Begriffs „Einlagen" bzw. „Einlagen bei Kreditinstituten". Zusammenfassend wird der Begriff Einlagen aus verschiedenen Blickwinkeln unterschiedlich definiert.

So heißt es im Handelsrecht: Die Bar- oder Sachleistungen, mit welchen sich ein Gesellschafter an einer Handelsgesellschaft (Personengesellschaft oder Kapitalgesellschaft) beteiligt. Im Steuerrecht: Wirtschaftsgüter, die der Steuerpflichtige dem Betrieb zuführt. Und im Bankwesen wird der Begriff als Zahlungsmittel aus dem Nichtbankenbereich, die bei Banken deponiert werden, verwendet.[18]

---

[15] Der Einlagensicherungsfonds des Bundesverbandes deutscher Banken im Lichte des Versicherungsrechts, VVW Karlsruhe, 1990, S. 27
[16] Gesetzestexte, Beck-Texte im dtv, 36. Auflage 2009, §26a, §§46ff KWG
[17] Einlagensicherung, Bundesverband öffentlicher Banken Deutschlands, Ausgabe Juli 2009, S. 10
[18] http://wirtschaftslexikon.gabler.de/Definition/einlagen.html

Exkurs Definition Nichtbanken:

In der Volkswirtschaftslehre versteht man unter einer Nichtbank allgemein einen Geldnachfrager aller realwirtschaftlichen Sektoren, also insbesondere die privaten Haushalte, Unternehmen, den Staat und das Ausland.

Der Begriff dient der Abgrenzung vom finanziellen Sektor, also den Kreditinstituten einschließlich Zentralbank.[19]

Exkurs Ende

2.2.1.1 Einlagen im Sinne des Kreditwesengesetzes (KWG):

Das KWG setzt für den Begriff Einlagen folgende Bedingung voraus:

(1) Es muss sich um „Gelder" handeln, (2) die Gelder müssen „fremd" sein. Es ist erforderlich, dass ein unbedingter Rückzahlungsanspruch besteht, (3) Die „Annahme" der Gelder ist erforderlich und (4) die Gelder müssen als „Einlage" angenommen werden.[20] Das Bankgeschäft im Sinne des §1 S. 1 Nr. 1 des KWG ist also das Einlagengeschäft, welches die Annahme fremder Gelder als verzinsliche oder unverzinsliche Einlagen durch Annahme von Sichteinlagen und Termineinlagen (Depositen) voraussetzt.

Oft gibt es keine Präzisierung dessen, was unter „Einlagen bei Kreditinstituten" zu verstehen ist. Da im Mittelpunkt dieses Beitrags die bankrechtliche Situation näher betrachtet werden soll, soll hier auf die Definition III aus dem Bankwesen eingegangen werden.

Begriff: Zahlungsmittel aus dem Nichtbankenbereich, die bei Banken deponiert werden. Die Begründung einer Einlage, deren Begriff gesetzlich nicht definiert ist, setzt einen schuldrechtlichten Vertrag in Form eines Darlehensvertrags gemäß § 488 BGB oder eines unregelmäßigen Verwahrungsvertrages gemäß

---

[19] www.wikipedia.org/wiki/Volkswirtschaftslehre
[20] KWG, Kreditwesengesetz, Kommentar, Verlag C.H. Beck München, 2009, S. 27 (Auszug im Anhang)

§§ 607 und 700 BGB (auch als „Summenverwahrung" oder „depositum irregulare" bezeichnet) voraus.[21]

2.2.1.2 Einlagen im Sinne des Einlagensicherungs- und Anlegerentschädigungsgesetzes (EAEG)

§1 Abs. 2 EAEG – Einlagensicherungs- und Anlegerentschädigungsgesetz definiert: „Einlagen-Guthaben, die sich aus auf einem Konto verbliebenen Beträgen oder aus Zwischenpositionen im Rahmen der Geschäftsfähigkeit eines Instituts ... ergeben und von diesem auf Grund gesetzlicher oder vertraglicher Bestimmungen zurückzuzahlen sind..."

2.2.1.3 Einlagen im Sinne der Bundesanstalt für Finanzdienstleistungsaufsicht (BaFin)

Die Bundesanstalt für Finanzdienstleistungsaufsicht liefert folgende Beschreibung: Einlagen sind Kontoguthaben (Giroeinlagen, Sparguthaben, Tages- oder Termingelder, auf den Namen lautende Sparbriefe und ähnliches) sowie Forderungen, die das Institut durch Ausstellung einer Urkunde verbrieft hat (Namensschuldverschreibungen und ähnliches), jedoch zum Beispiel nicht Inhaber- und Orderschuldverschreibungen, Genussrechtsverbindlichkeiten oder Verbindlichkeiten aus eigenen Wechseln.

Kundenanforderungen aus Wertpapiergeschäften sind Gelder, die Anlegern im Zusammenhang mit Wertpapiergeschäften geschuldet werden, zum Beispiel Dividenden, Ausschüttungen, Verkaufserlöse. Wertpapiere (auch Investmentfondsanteile) sind keine Einlagen.[22]

---

[21] http://www.economia48.com/deu/d/einlagen/einlagen.htm
[22] Bundesanstalt für Finanzdienstleistungsaufsicht, www.bafin.de

Einlagearten

Die Einlagearten werden unterschieden nach

- den Einlegern – Nichtbankeneinlagen und Bankeneinlagen und
- nach Art der Einlagen:

1. Sichteinlagen

Sichteinlagen sind Bankguthaben, über die bei Sicht, d.h. jederzeit, verfügt werden kann. Für Sichteinlagen werden gelegentlich auch die Begriffe Giroeinlagen oder Sichtdepositen sowie täglich fälliges Geld verwendet. Sichteinlagen sind die Basis für den bargeldlosen Zahlungsverkehr.

2. Termineinlagen

Termineinlagen, auch befristete Einlagen genannt, sind Bankguthaben, die den Kreditinstituten für einen bestimmten Zeitraum überlassen werden. Die Einleger können über diese Guthaben also nicht jederzeit verfügen. Zwei Arten von Termineinlagen sind zu unterscheiden: Festgelder oder feste Gelder einerseits und Kündigungsgelder andererseits.

3. Spargelder

Spareinlagen

Spareinlagen sind Mittel, die von Nichtbanken den Kreditinstituten als Vermögensanlage überlassen werden. Ob eingezahlte Beträge einem Sparguthaben gutgeschrieben werden können, hängt vom Motiv des Einlegers ab. Typische Sparmotive sind die Alterssicherung oder die Ansammlung von Beträgen, um später größere Anschaffungen vornehmen zu können. Mittel, die nicht diesen Motiven zugeordnet werden können, werden allerdings nicht einem Sparguthaben gutgeschrieben ebenso Beträge, die später im Produktionsprozess oder für den laufenden Zahlungsverkehr verwendet werden. Die Entscheidung liegt beim Kreditinstitut. Dieses ist verpflichtet, über jede Spareinlage eine Urkunde auszufertigen. (i.d.R. Sparbuch, KWG §21) Das Motiv der Vermögensbildung gibt Spareinlagen den Charakter längerfristiger Mittel.

Sparbriefe

Eine besondere Form der Spargelder sind die Sparbriefe. Durch die Emission solcher Sparbriefe nehmen Kreditinstitute Spargelder auf. Die Entgegennahme dieser Spargelder wird hier nicht durch ein Sparbuch beurkundet, sondern durch Ausstellung einer Namensschuldverschreibung.

Bankguthaben (auch Bankeinlagen oder Depositen) ist der nicht feststehende Sammelbegriff für Forderungen von Nichtbanken gegenüber Kreditinstituten. Es handelt sich um Buchgeld auf Bankkonten, das jederzeit in Bargeld umgewandelt oder für Geldanlage- oder Zahlungsverkehrszwecke verwendet werden kann.

2.2.2 Begriff Einlagensicherung

Einlagensicherung im weiteren Sinne umfasst alle rechtlich und faktisch bestehenden Vorkehrungen zur Sicherung der Bankgläubiger vor einem Total- oder Teilverlust ihrer den Kreditinstituten zur Verfügung gestellten Mittel.[23]

Einlagensicherung im engeren Sinne ist die Bezeichnung für die gesetzlichen und freiwilligen Maßnahmen zum Schutz der Einlagen (Bankguthaben) von Kunden bei Kreditinstituten im Falle der Insolvenz.

Bankguthaben (auch Bankeinlagen oder Depositen) ist der nicht feststehende Sammelbegriff für Forderungen von Nichtbanken gegenüber Kreditinstituten. Es handelt sich um Buchgeld auf Bankkonten, das jederzeit in Bargeld umgewandelt oder für Geldanlage- oder Zahlungsverkehrszwecke verwendet werden kann.

---

[23] Der Einlagensicherungsfonds des Bundesverbandes deutscher Banken im Lichte des Versicherungsrechts, VVW Karlsruhe, 1990, S. 7

„Einlagensicherung" bezieht sich allein auf den Schutz der Gläubiger von Bankeinlagen.

Die Einlagensicherungsrichtlinie versteht unter einem „Einlagensicherungssystem" nur eine Einrichtung, die im Falle des Zusammenbruchs einer Bank direkt die Einleger entschädigt.

3 Institutionen und Grundlagen der Einlagensicherung und der Bankenaufsicht,

Die heutige Struktur der Einlagensicherung in Deutschland ist Ergebnis einer langen Entwicklung.

Die Aufsicht über die Institute wird durch die Bundesanstalt für Finanzdienstleistungsaufsicht (BaFin) ausgeübt. §6 Abs. 3 KWG weist der BaFin die hoheitlichen Befugnisse zu, die im Einzelfall geeigneten und erforderlichen Maßnahmen gegenüber Kreditinstituten zu ergreifen.[24] An der Seite der BaFin steht die Deutsche Bundesbank, die nach §7 KWG zur Zusammenarbeit mit der BaFin verpflichtet wird. Die Bundesbank ist für die laufende Überwachung der Institute zuständig. Die laufende Überwachung besteht aus der Auswertung der von den Instituten eingereichten Unterlagen, der Prüfungsberichte, der Jahresabschlussunterlagen sowie die Durchführung und Auswertung der bankgeschäftlichen Prüfungen zur Beurteilung der angemessenen Eigenkapitalausstattung und Risikosteuerungsverfahren. (§7 Abs. 1 S. 3 KWG)[25]

Die Funktionsfähigkeit der Kreditinstitute und der Gläubigerschutz in der BRD werden durch folgende gesetzliche Regelungen und Einlagensicherungssysteme erreicht:

- Europäisches System der Zentralbanken (ESZB)

- Bestimmungen des Kreditwesengesetzes (KWG) zur Einlagensicherung

- Bundesanstalt für Finanzdienstleistungsaufsicht (BaFin)

- Einlagensicherungs- und Anlegerentschädigungsgesetz (EAEG)

- Vorschriften des HGB

---

[24] Bankrecht, Beck-Texte im dtv, 36 Auflage 2009, §6 KWG
[25] Bankaufsichtsrecht, Frankfurt School Verlag, 1. Auflage 2010, S. 41

- Liquiditäts-Konsortialbank

- Finanzmarkt Stabilisierungsgesetz

- Basel III

3.1 Europäisches System der Zentralbanken (ESZB)

Seit Beginn der Europäischen Währungsunion bestehen die Regulierung durch das ESZB, an dem die Deutsche Bundesbank beteiligt ist, und die Aufsicht über Kreditwirtschaft durch die Bundesanstalt für Finanzdienstleistungsaufsicht (BaFin), nach Maßgabe des Gesetzes über das Kreditwesen und des Gesetzes über den Wertpapierhandel (WpHG). Zusätzlich tritt eine Aufsicht durch die Bundesländer hinzu wenn der Sparkassensektor betroffen ist. Das ESZB besitzt keine eigene Rechtspersönlichkeit und besteht aus der Europäischen Zentralbank (EZB) und den Zentralbanken der Mitgliedsstaaten des Systems. Das ESZB trägt die Verantwortung für die Geldpolitik der Währungsunion. Der EZB Rat hat die Einführung von Mindestreserven beschlossen.[26] Diese sind in der Verordnung der Europäischen Zentralbank (EZB-VO) geregelt. §4 EZB-VO.

3.2 Bestimmungen des KWG zur Einlagensicherung

Das Gesetz über das Kreditwesen (KWG) steckt den rechtlichen Rahmen für die geschäftliche Tätigkeit der Kredit- und Finanzdienstleistungsinstitute ab, ohne in unternehmerische Einzelentscheidungen einzugreifen.[27]

Das KWG ist mehrmals novelliert worden, was seit den 1980er Jahren wesentlich auf EG-Richtlinien zurückzuführen ist. Hier sollen kurz das Gesetz über die integrierte Finanzdienstleistungsaufsicht 2002, Solvabilitätsverordnung (SolvV -

---

[26] EG Verordnung Nr. 1745/2003 der EZB über die Auferlegung einer Mindestreservepflicht (EZB/2003/9)
[27] Bankrecht, Beck-Texte im dtv, 36 Auflage 2009, Einführung

Deutsche Umsetzung von Basel II) und das Einlagensicherungs- und Anlegerentschädigungsgesetz erwähnt werden.[28]

- das Gesetz über die integrierte Finanzdienstleistungsaufsicht 2002 verdeutlicht die Zusammenarbeit der BaFin mit der Bundesbank im Bereich der laufenden institutsbezogenen Aufsicht.§7 KWG. Erläuterung zu BaFin unter Punkt 2.3

Solvabilitätsverordnung (Deutsche Umsetzung von Basel II), ist die Verordnung über angemessene Eigenmittelausstattung von Instituten, Institutsgruppen und Finanzholdinggruppen. Als eine Verordnung des BaFin konkretisiert sie die Anforderungen der §§10ff des KWG über die Mindesteigenkapitalbestimmungen. In Form der Capital Requirements Directive (CRD)[29] wurden die Basel II Beschlüsse in eine gemeinsame Richtlinie der EU übernommen, welche die Grundlage der SolvV bildet. Die SolvV deckt die erste und dritte Säule aus Basel II ab. Die zweite Säule wird durch Mindestanforderungen an Risikomanagement abgedeckt. Die SolvV beinhaltet außerdem Offenlegungsvorschriften, die der Markttransparenz dienen sollen.

---

[28] Bankrecht, Beck-Texte im dtv, 36 Auflage 2009, Einführung
[29] Capital Requirements Directive = „Richtlinie über Eigenkapitalanforderungen"

Abb. 1, Das Grundkonzept von Basel II[30]

- Einlagensicherungs- und Anlegerentschädigungsgesetz (EAEG), welches zuletzt durch Art. 13 Restrukturierungsgesetz vom 12.2010 geändert wurde, wird im Punkt 2.4 näher erläutert.

Liquiditätsverordnung (LiqV) von 2006, die zur Umsetzung der Richtlinie 2000/46/EG, Art. 5 und 6 des Europäischen Parlaments dient und sich auf Beaufsichtigung der E-Geld-Institute bezieht.[31]

Besonders in §§10, 10a bis 10c KWG werden die Kreditinstitute zur Erfüllung ihrer Verpflichtungen gegenüber ihren Gläubigern und der Sicherung der ihnen anvertrauten Vermögenswerte verpflichtet, angemessenes Eigenkapital zu haben.

Die Regelung der Liquidität ist in §11 KWG. Die Mittel sollen so angelegt werden, dass jederzeit eine ausreichende Zahlungsbereitschaft (Liquidität) gewährleistet ist.[32] Detaillierte Anordnungen sind in der Liquiditätsverordnung (LiqV) geregelt. Gemäß §2 Abs. 1 LiqV gilt die Liquidität eines Instituts als ausreichend, wenn die zu ermittelnde Liquiditätskennzahl den Wert eins nicht unterschreitet.[33]

---

[30] Quelle: http://www.bundesbank.de/bankenaufsicht/bankenaufsicht_basel.php
[31] Bankrecht, Beck-Texte im dtv, 36 Auflage 2009, LiqV
[32] Bankrecht, Beck-Texte im dtv, 36 Auflage 2009, §11 KWG
[33] Mehr hierzu in KWG Kommentar, C.H. Beck München, 2009, §11

Des Weiteren regelt der §23a die Verpflichtung der Institute bei Betrieb von Bankgeschäften Kunden, die nicht Institute sind, im Preisaushang über die Zugehörigkeit zu einer Sicherungseinrichtung zu informieren. Weiterhin sind Kunden, die nicht Institute sind, vor Aufnahme einer Geschäftsbeziehung in Textform in leicht verständlicher Form über die für die Sicherung geltenden Bestimmungen sowie über Umfang und Höhe der Sicherung zu informieren. Sofern Anlagen und andere rückzahlbare Gelder nicht gesichert sind, ist darauf in den AGB´s im Preisaushang und an hervorgehobener Stelle hinzuweisen. Bei Ausscheiden des Instituts aus einer Sicherungseinrichtung sind die Kunden sowie die Bundesanstalt und die Deutsche Bundesbank unverzüglich in Textform zu unterrichten.[34]

Im Allgemeinen sind im dritten Abschnitt des KWG Vorschriften über die Beaufsichtigung der Institute geregelt. So schreibt §32 eine schriftliche Erlaubnis der Bundesanstalt für diejenigen vor, die im Inland Bankgeschäfte betreiben oder Finanzdienstleistungen erbringen wollen. Die Erlaubnis kann ausgesetzt, beschränkt oder gar versagt werden. §§33ff.

Das KWG schreibt außerdem ein Vieraugenprinzip für die Geschäftsführung eines Kreditinstitutes vor. (§33 Abs. 1 Nr. 4). In den §§33 und 35 KWG ist geregelt, dass Kreditinstituten durch die BaFin die Betriebserlaubnis versagt bzw. entzogen wird, falls die aufsichtsrechtlichen Anforderungen nicht erfüllt werden oder es zum Schutz der Gläubiger erforderlich ist. Das Vieraugenprinzip dient vor allem der internen Kontrolle der Banken und ist eine Maßnahme des Gläubigerschutzes.

Die BaFin verfügt über Eingriffsmöglichkeiten in die Geschäftsleitung §36 KWG. Dieser Paragraph eröffnet der BaFin die Möglichkeit, im Falle mangelnder persönlicher Zuverlässigkeit, bei fehlender fachlicher Eignung eines Geschäftsleiters sowie bei Verantwortlichkeit von Geschäftsleitern für nachhaltige Verstöße gegen Bestimmungen des KWG […] statt der erlassenen Durchführungsverord-

---

[34] Bankrecht, Beck Texte im dtv, 36 Auflage 2009, §23a KWG

nungen oder Anordnungen der BaFin, zunächst gegen die Geschäftsleiter vorzugehen.

In §§45-46a werden Maßnahmen in besonderen Fällen geregelt, die ein differenziertes Gefahrenabwehrrecht beinhalten.[35] Teilweise werden diese Maßnahmen als Sonderinsolvenzrecht bezeichnet.[36], obwohl dieser Begriff nur hinsichtlich der Insolvenzantragsstellung richtig ist. Die Bundesanstalt kann zur Vermeidung des Insolvenzverfahrens vorübergehend ein Veräußerungs- und Zahlungsverbot an das Institut erlassen. Sie kann die Schließung des Instituts für den Verkehr mit der Kundschaft anordnen und die Entgegennahme von Zahlungen, die nicht zur Tilgung von Schulden gegenüber dem Institut bestimmt sind, verbieten.

3.3 Bundesanstalt für Finanzdienstleistungsaufsicht (BaFin)

Im Jahr 2002, nach einer lange geführten Debatte um die ideale Struktur der Finanzaufsicht, hat sich der Gesetzgeber für das Modell einer Allfinanzaufsicht entschieden, und das Finanzdienstleistungsaufsichtsgesetz (FinDAG) wurde verabschiedet. Auf diesem Wege ist eine Finanzaufsichtsbehörde (Bundesanstalt für Finanzdienstleistungsaufsicht (BaFin)) entstanden, die das Bundesaufsichtsamt für das Kreditwesen (BAK) und das Bundesaufsichtsamt für den Wertpapierhandel (BAWe) vereinigt.[37]

Die Ermächtigungs- und die Befugnisgrundlagen der BaFin sind in §6 Abs. 2 und 3 KWG geregelt. Hiernach kann die BaFin Anordnungen und Rechtsverordnungen erlassen. Sie ist außerdem zur Verfolgung und Ahndung von Ordnungswidrigkeiten berufen.[38]

---

[35] Bankaufsichtsrecht, Frankfurt School Verlag, 1. Auflage 2010, S. 83
[36] Bankaufsichtsrecht, Frankfurt School Verlag, 1. Auflage 2010, S. 75
[37] Bankaufsichtsrecht, Frankfurt School Verlag, 1. Auflage 2010, S. 60
[38] Bankaufsichtsrecht, Frankfurt School Verlag, 1. Auflage 2010, S. 66

3.3.1 Grundsätze des Bundesaufsichtsamtes für das Kreditwesen (BAK)

Das Bundesaufsichtsamt für das Kreditwesen existiert seit dem 1. Januar 1962 und untersteht als Bundesbehörde dem Bundesministerium für Finanzen. Dem BAK in Zusammenarbeit mit der Deutschen Bundesbank stehen als Zulassungs- und Kontrollbehörde für das Bankgewerbe in Deutschland auch weitgehende Rechte zur Prüfung der Ordnungsmäßigkeit des Geschäftsbetriebes der Institute zu. (§32 KWG) Das KWG liefert die Rechtsgrundlage, anhand derer die Bundesbank und die BAK Informationen von Banken beziehen sowie direkt Einfluss auf Kreditinstitute ausüben können. Aus dem KWG leiten sich Anzeigepflichten der beaufsichtigten Institute ab. Bestimmte Vorschriften sollen verhindern, dass Finanzdienstleister ihre eigene Existenz und somit die Sicherheit der Einlagen gefährden. Aus diesem Grund müssen Kredit- und Finanzdienstleistungsinstitute dem Bundesaufsichtsamt Jahresabschlüsse, Prüfberichte und viele andere Geschäftsdaten zur Verfügung stellen. Hierfür besteht eine gesetzliche Meldepflicht. Die wichtigsten Kontrollrechte ergeben sich aus §44 KWG - Auskünfte und Prüfungen von Kreditinstituten, §24 KWG – Anzeigepflichten. Außerdem §25 KWG –Monatliche Bilanzstatistik und §26a und b KWG – Vorlage von Rechnungslegungsunterlagen

In einer krisenhaften Lage kann das BAK Maßnahmen zur Gefahrenabwehr anordnen. Auch die Bundesregierung übt eine Aufsichtsfunktion aus. Durch Rechtsverordnungen kann sie verschiedene Anordnungen erteilen wie:

- Vorübergehende Schließung der Börsen §47 KWG
- Vorübergehende Schließung der Kreditinstitute
- Anordnung des Aufschubes für Erfüllung seiner Verbindlichkeiten für ein Kreditinstitut.[39]

Das 1998 in Kraft getretene Einlagensicherungs- und Anlegerentschädigungsgesetz unterstellt die Entschädigungsinstitutionen unter die Aufsicht des BAK.

---

[39] Alles über Bankgeschäfte, Beck-Wirtschaftsberater im dtv, 2004, S. 26

3.3.2 das Bundesaufsichtsamt für den Wertpapierhandel (BAWe)

Auf das BAWe soll hier aufgrund von Irrelevanz in Bezug auf die Themenstellung nicht näher eingegangen werden.

Der Aufgabenbereich der BaFin wird in §1 S. 1 Finanzdienstleistungsaufsichtsgesetz (FinDAG) umschrieben. Die BaFin als Allfinanzaufsichtsbehörde übernimmt hiernach sowohl Aufgaben ihrer Vorgänger als auch die ihr zusätzlich zugewiesenen Aufgaben. Neben der klassischen Aufsichtsarbeit ist der BaFin durch §4 Abs. 1 S. 2 FinDAG insbesondere auch eine (außen- und entwicklungspolitische) Beratungsaufgabe zugewiesen.

Das Gesetz über die Bundesanstalt für Finanzdienstleistungsaufsicht (Finanzdienstleistungsaufsichtsgesetz – FinDAG) ist zuletzt durch Art. 4 G zur Umsetzung der Zweiten E-Geld-Richtlinie vom 1.3.2011 geändert worden.[40]

3.4 Einlagensicherungs- und Anlegerentschädigungsgesetz (EAEG)

Nach den Vorstellungen des Europäischen Parlaments und des Rates der Europäischen Union zählen sowohl die Einlagensicherung als auch die Anlegerentschädigung zu den Voraussetzungen für den Aufbau und Erhalt des Vertrauens in die stetige Funktionsfähigkeit des Finanzmarkts.[41] Das Einlagensicherungs- und Anlegerentschädigungsgesetz ist die Basisdeckung für die Vermögenswerte des Kunden, die einem Kreditinstituts anvertraut wurden.

3.4.1 Richtlinie zur Einlagensicherung

Die Einlagensicherungsrichtlinie von 1994, Richtlinie 94/19/EG, sieht ein Mindestmaß an Harmonisierung der Einlagensicherung vor. Da die Empfehlung der Europäischen Kommission zur Einführung von Einlagensicherungssystemen

---

[40] www.beck-online.beck.de, Finanzdienstleistungsaufsichtsgesetz
[41] Einlagensicherung und Anlegerentschädigung, Mohr Siebeck, 2008, S. 5

von 1986 in einigen Mitgliedsstaaten keine Beachtung fand, wurde die Richtlinie erforderlich. Sie verpflichtet die Mitgliedsstaaten zur Errichtung einer Sicherungseinrichtung, die im Insolvenzfall eines Instituts in der Lage ist, den Geschädigten ihre Einlagen zu erstatten.

Diese Richtlinie wurde mit der 2009/14/EG mit dem Beschluss vom März 2009 mit Hinblick auf die Deckungssumme und die Auszahlungsfrist zum 31.12.2010 geändert.

3.4.2 Richtlinie zur Anlegerentschädigung

Die Anlegerentschädigungsrichtlinie 97/9/EG wurde 1997 verabschiedet. Die Richtlinie wurde erforderlich, weil viele Wertpapierfirmen von den bis dahin existierenden Sicherungspflichten nicht erfasst waren. Die Sicherungshöhe und Umsetzungsvorgaben entsprechen denen der Einlagensicherungsrichtlinie.

Ab 31. Dezember 2010 ist der Entschädigungsanspruch der Höhe nach begrenzt auf den Gegenwert von 100.000 EUR für Einlagen und einen Gegenwert von 20.000 EUR für Verbindlichkeiten aus Wertpapiergeschäften. Die bisherige Verlustbeteiligung des Einlegers in Höhe von 10% wurde abgeschafft, die Auszahlungsfrist auf höchstens 30 Tage verkürzt.[42]

Das EAEG diente der Umsetzung der EG-Richtlinie 94/19/EG (über Einlagensicherungssysteme) und der EG-Richtlinie 97/9/EG (über Systeme für die Entschädigung der Anleger) und ist somit eine gesetzliche Mindestsicherung von Kundeneinlagen und für Anleger. §10 EAEG.[43]

---

[42] Bankrecht, Beck-Texte im dtv, 2011 EAEG
[43] Bankrecht, Beck-Texte im dtv, 2011, EAEG

Gemäß §2 EAEG besteht eine Sicherungspflicht für Einlagen und Verbindlichkeiten aus Wertpapiergeschäften durch Zugehörigkeit zu einer Entschädigungseinrichtung. Diese besteht als Folge des EAEG seit 1998 als:

- Entschädigungseinrichtung deutscher Banken (EdB),
- Entschädigungseinrichtung des Bundesverbandes öffentlicher Banken Deutschlands (EdÖ) und die
- Entschädigungseinrichtung der Wertpapierhandelsunternehmen (EdW).
- Daneben existieren auch freiwillige Sicherungen.[44] Hierzu später.

Die „Zuordnung" zu einer gesetzlichen Entschädigungseinrichtung erfolgt durch die Bundesanstalt für Finanzdienstleistungsaufsicht (BaFin). Demnach haben alle Privatpersonen, Personengesellschaften und die kleinen Kapitalgesellschaften einen der Höhe nach begrenzten Entschädigungsanspruch gegen die Entschädigungseinrichtung.[45] Der Umfang des Entschädigungsanspruchs ist im §4 EAEG geregelt.

Im EAEG werden die Voraussetzungen für die Inanspruchnahme einer Entschädigungsleistung detailliert beschrieben. Insbesondere wird auch der genaue Verfahrensablauf aufgeführt. §5 EAEG schreibt vor, dass die Bundesanstalt unverzüglich, spätestens jedoch innerhalb von fünf Tagen nachdem sie davon Kenntnis erlangt hat, den Entschädigungsfall festzustellen hat, dass ein Institut nicht in der Lage ist Einlagen zurückzuzahlen und spätestens innerhalb von 21 Tagen, nachdem sie davon Kenntnis erlangt hat, dass ein Institut nicht in der Lage ist, Verbindlichkeiten aus Wertpapiergeschäften zu erfüllen. Die Gläubiger des Instituts sind unverzüglich über den Eintritt des Entschädigungsfalles und die Frist [...] zu unterrichten. Die Gläubiger sind innerhalb von drei Monaten nach Eintritt des Entschädigungsfalles zu entschädigen. Der Entschädigungsanspruch ist schriftlich binnen eines Jahres nach Unterrichtung anzumelden. Die angemeldeten Ansprüche sind unverzüglich zu prüfen und spä-

---

[44] Einlagensicherung und Anlegerentschädigung, Mohr Siebeck, 2008, S. 7
[45] Magazin: Einlagensicherungseinrichtungen des VÖB, Juli 2009, S. 5

testens drei Monate nachdem die Berichtigung und die Höhe der Ansprüche festgestellt wurden, zu erfüllen.[46]

Daneben enthält das Gesetz in § 12 eine Ausnahme von der Pflicht zur Mitgliedschaft in einer Entschädigungseinrichtung für Institute, die den Sicherungseinrichtungen der regionalen Sparkassen- und Giroverbände oder der Sicherungseinrichtung des Bundesverbandes der Deutschen Volksbanken und Raiffeisenbanken angeschlossen sind (Instituts sichernde Einrichtungen).

Die Entschädigungseinrichtungen werden bei der Kreditanstalt für Wiederaufbau als nicht rechtsfähige Sondervermögen des Bundes errichtet. (§6 EAEG) Sie haben die Aufgabe, die Beiträge der ihnen zugeordneten Institute einzuziehen, die Mittel entsprechend den Vorschriften des §8 anzulegen und im Entschädigungsfall die Gläubiger zu entschädigen. Die Entschädigungseinrichtungen finanzieren sich aus Umlagen der angeschlossenen Institute und werden von der Kreditanstalt für Wiederaufbau verwaltet. Sie sind nach

. privatrechtlichen Instituten

. öffentlich- rechtlichen Instituten und

. anderen Instituten aufgeteilt.

Die Beitragszahlungen werden durch Rechtsverordnungen des Bundesministeriums der Finanzen geregelt und durch eine Anlage zur Bundeshaushaltsordnung dokumentiert.

3.5 Bestimmungen des HGB

Regelungen des HGB sowie spezielle Regelungen der Verordnung über die Rechnungslegung der Kreditinstitute gelten für alle Kreditinstitute. Sie müssen jedoch in Verbindung mit dem KWG, unabhängig von ihrer Größe und Rechts-

---

[46] Bankrecht, Beck-Texte im dtv, 2011, EAEG

form, ihren Jahresabschluss einschließlich Anhang und Lagebericht zu veröffentlichen. §26 KWG

„Die gesetzlich festgelegten Ziele der deutschen Finanzaufsichtsinstitutionen, namentlich der BaFin und der BBank, bestehen in der Gewährleistung eines funktionsfähigen, stabilen und integeren deutschen Finanzsystems und in der Sicherstellung des Vertrauens der Bankkunden und Anleger in das Finanzsystem. Vor diesem Hintergrund ist die Solvenzaufsicht, die die Zahlungsfähigkeit von Kredit- und Finanzdienstleistungsinstituten sicherzustellen hat, eine der Hauptaufgaben der Aufsichtsinstitutionen."

§26 KWG bestimmt die Pflichten in Bezug auf die Vorlage von Jahresabschluss, Lagebericht, und Prüfungsbericht. Die gemäß §26 einzureichenden Unterlagen sind – ergänzend zu den monatlichen und quartalsmäßigen Meldungen der Institute – ein wichtiges Instrument der BaFin, um sich einen Einblick in die Vermögens-, Finanz-, Ertrags- und Risikolage der beaufsichtigten Institute zu verschaffen und etwaigen Fehlentwicklungen durch das Ergreifen Gegenmaßnahmen entgegenzuwirken. [47]

Besonders für die Einleger ist diese Regelung wichtig. Somit kann sich dieser bereits im Vorfeld anhand dieser Aufstellung eine bonitätsabhängige Bewertung vom gewählten Kreditinstitut vornehmen. In der Regel ist es jedoch so, dass die Jahresabschlüsse von Kreditinstituten eher den institutionellen Anlegern (Banken, Versicherungen, Kapitalgesellschaften usw.) zugute kommen, da sich Privatanleger oft mit der Materie nicht bzw. unzureichend auskennen.

Das deutsche Bilanzrechtsmodernisierungsgesetz (BilMoG) von 2009 enthält ebenfalls neue Regelungen zur Rechnungslegung von Finanzinstrumenten, die nach §243 HGB von allen Kaufleuten beachtet werden müssen. Insbesondere Angaben im Anhang sind neu. (Es sind Informationen über den beizulegenden Zeitwert von finanziellen Vermögenswerten und Derivaten).

---

[47] KWG Kommentar, Verlag C.H. Beck München, 2009, S. 1188 Vorbemerkung zu §26

3.6 Liquiditäts-Konsortialbank

Die Liquiditäts-Konsortialbank GmbH (Likobank) hat ihren Sitz in Frankfurt am Main. Diese Bank wurde unter dem Eindruck der Herstatt-Bankkrise von der Deutschen Bundesbank sowie weiteren Unternehmen des deutschen Kreditgewerbes 1974 gegründet. Die Likobank hat ein Stammkapital von 200 Mio. EUR. Die Gewinnrücklagen belaufen sich auf 25 Mio. EUR.[48] Die Bundesbank ist mit 30% an der Likobank beteiligt. Auf den privaten Bankenverband, die Verbände der Sparkassen und Genossenschaftsbanken sowie Spezialfinanzierungsbanken entfallen die restlichen Anteile. Diese Bank ist nur dafür da, bonitätsmäßig einwandfreien Banken bei vorübergehenden Zahlungsschwierigkeiten Liquiditätshilfen zur Verfügung zu stellen, um die Gefahr eines Vertrauensschwunds abzuwehren.[49] Zu diesem Zweck gewährt die Bank Kredite an andere Banken, tätigt Einlagen bei ihnen, kauft von ihnen Wechsel an und betreibt Refinanzierungsgeschäfte aller Art.

Das Verfahren der Gewährung von Liquiditätshilfen ist in „Kreditrichtlinien" festgelegt. In erster Linie sind die Institute antragsberechtigt, die Mitglieder der an der Likobank beteiligten Gruppen sind. Die Anträge müssen bestimmte Mindestangaben enthalten, wie z. B. Erläuterungen zur Unternehmung, Geschäfts- und Ertragsentwicklung, zu den Gründen für die Liquiditätsschwierigkeiten, evtl. bereits eingeleitete Gegenmaßnahmen sowie detaillierte Erläuterungen relevanter Bilanzpositionen.

Eine Liquiditätshilfe erfolgt nach gründlicher Prüfung des Antrags nur, wenn das beantragende Institut ohne eigenes Verschulden in Liquiditätsschwierigkeiten geraten ist.[50]

Bemerkenswert ist, dass obwohl die Likobank den Instituten bei Liquiditätsproblemen zur Verfügung stehen sollte und hierfür geschaffen wurde, sie wäh-

---

[48] Handelsblatt, 13.04.2010, wobei die Angaben stark variieren
[49] http://www.wirtschaftslexikon24.net/d/liquiditaets-konsortialbank-gmbh-liko-bank/liquiditaets-konsortialbank-gmbh-liko-bank.htm
[50] Bankgeschäfte und Bankmanagement, Betriebswirtsch. Verlag, Hans E. Büschgen, 5 Auflage 1998, S. 118

rend der Bankenkrise 2008 nicht zum Einsatz kam. Laut Handelsblatt vom 13.04.2010 wird in Fachkreisen bereits über eine Auflösung dieser Einrichtung diskutiert.

3.7 Finanzmarkt Stabilisierungsfondsgesetz (FMStFG)

Das Finanzmarktstabilisierungsfondsgesetz wurde als Reaktion auf die internationale Finanzkrise 2008 erlassen. Durch dieses Gesetz soll der im Herbst 2008 durch die Finanzkrise in Schwierigkeit geratene Finanzmarkt stabilisiert werden. Hiermit soll die Zahlungsfähigkeit von Finanzinstituten mit Sitz in Deutschland sichergestellt werden. Außerdem sollen allgemeine Kreditklemmen vermieden werden. Die Eigenkapitalbasis soll durch ein gegründetes „Finanzmarktstabilisierungsfonds – FMS" gestärkt werden. Der FMS wird in der Form eines Sondervermögens des Bundes gebildet. Der FMS war befristet bis 2009 und ist ab 2011 nicht mehr aktiv stabilisierend tätig.[51] Es werden lediglich die bereits erfolgten Stabilisierungsmaßnahmen überwacht und verwaltet.

3.8 Basel III (BUNDESBANK)

Basel III bezeichnet ein Reformpaket des Basler Ausschusses der Bank für Internationalen Zahlungsausgleich (BIZ) für die bereits bestehende Bankenregulierung Basel II. Es soll eine Lösung für die Schwächen der bisherigen Bankenregulierung während der weltweiten Finanz- bzw. Wirtschaftskrise ab 2007 darstellen.

Im Dezember 2010 wurde die vorläufige Endfassung von Basel III veröffentlicht, wenngleich noch einzelne Aspekte in Diskussion sind. Die Umsetzung in der Europäischen Union wird über Änderungen der Capital Requirements Directive (CRD) erfolgen und soll ab 2013 schrittweise in Kraft treten.

---

[51] http://www.fmsa.de/de/presse/pressemitteilungen/2010/20101229_pressenotiz_soffin.html, Aufgaben der Bundesanstalt für Finanzmarktstabilisierung ausgeweitet Pressemitteilung der SoFFin vom 29.12.2010

Die neuen Anforderungen von Basel III bewirken eine quantitative und qualitative Stärkung der Kapitalbasis und eine Verbesserung der Risikoerfassung. Sie sollen außerdem zur Eindämmung übermäßiger Verschuldung beitragen. Für das internationale Bankensystem ist die Einführung neuer Liquiditätsstandards vorgesehen. Die neuen Basel III-Anforderungen beruhen auf den entsprechenden Vorschlägen von 2009. Sie wurden in ihrer endgültigen Fassung auf der Sitzung der Gruppe der Notenbankpräsidenten und Leiter der Aufsichtsbehörden (Group of Governors and Heads of Supervision – GHOS), dem Führungsgremium des Baseler Ausschusses, am 12. September 2010 verabschiedet und von den Staatschefs der G20 auf ihrem Gipfeltreffen in Seoul im November 2010 bestätigt.[52]

---

[52] Siehe hierzu Wikipedia und http://bis.org/publ/bcbs189.htm

4 Banken und Bankensysteme

4.1 Sparkassen und Girozentralen

Die Sparkassen in Deutschland werden überwiegend als öffentlich-rechtliche Sparkassen und damit als Anstalten des öffentlichen Rechts geführt. Die Träger sind die Gemeinden, Landkreise und Zweckverbände. Nur wenige Sparkassen sind privatrechtlich organisiert.

Die besonderen Merkmale der Sparkassen stehen in engem Zusammenhang mit der öffentlich-rechtlichen Trägerschaft und kommen in ihren Aufgabenstellungen, ihrem regionalen Verbreitungsgrad und ihrer Eigenmittelausstattung zum Ausdruck. Sparkassen und Landesbanken profitierten bisher von der Gewährträgerhaftung und der Anstaltslast. Im Falle einer Zahlungsunfähigkeit einer Sparkasse bzw. einer Landesbank sah die Gewährträgerhaftung vor, dass die Träger für deren Verbindlichkeiten eintreten müssen. Die Anstaltslast verpflichtete die Träger, die Institute mit den Mitteln auszustatten, die zur Aufgabenerfüllung notwendig waren. Dies war jedoch aus Sicht der EU-Kommission nicht mit dem EU-Wettbewerbsrecht vereinbar. Aus diesem Grund konnten die Sparkassen und Landesbanken diese Vorteile nur bis 2005 nutzen

4.2 Einlagensicherungsfonds der Volks- und Raiffeisenbanken

Volks- und Raiffeisenbanken sind Kreditinstitute mit der Rechtsform der eingetragenen Genossenschaft. Spitzenverband der Kreditgenossenschaften ist der Bundesverband der deutschen Volksbanken und Raiffeisenbanken e. V. (BVR), dem die Deutsche Genossenschaftsbank und die regionalen Verbände angehören. Das Einlagensicherungssystem der Volks- und Raiffeisenbanken ist das älteste in Deutschland.

Das Einlagensicherungssystem der Volks- und Raiffeisenbanken schützt sämtliche Kundeneinlagen. Vor allem Sparbriefe, Termineinlagen, Sichteinlagen sowie Spareinlagen und auch Inhaberschuldverschreibungen angeschlossener Banken. Der Schutz bezieht sich dabei grundsätzlich auf 100 Prozent der Einlagen ohne jegliche Obergrenze.

Das eigenständige System der Volks- und Raiffeisenbanken basiert auf Garantiefonds, die hauptsächlich durch regionale Genossenschaftsbanken erbracht werden. Reichen diese Mittel nicht aus, so greift der Garantieverbund auf überregionaler Ebene ein.[53]

Seit Bestehen des Systems hat kein Kunde jemals seine Einlagen verloren, kein Anleger musste entschädigt werden und keine angeschlossene Bank hat Insolvenz erlitten.[54]

Die Einlagensicherung des Bundesverbands der Deutschen Volksbanken und Raiffeisenbanken ergänzt die gesetzliche Grundsicherung und trägt die Differenz zwischen der Mindesteinlagensicherung und dem tatsächlichen Schaden auf Seiten des Kunden. Während die Grundsicherung auf 90 Prozent der Einlagen und maximal 100.000 Euro begrenzt ist, ersetzt die Einlagensicherung des Bundesverbands der Deutschen Volksbanken und Raiffeisenbanken den Schaden in unbegrenzter Höhe.

4.3 Privat- bzw. Kreditbanken

Die Kreditbanken sind privatrechtlich organisierte und in der Rechtsform AG, GmbH, KG oder OHG betriebene Kreditinstitute. Spitzenverband der Kreditbanken ist der Bundesverband deutscher Banken (BdB). Im Einlagengeschäft der Großbanken überwiegen Sicht- und Termineinlagen. Die bedeutendste Gruppe unter den Kreditbanken bilden die Großbanken.[55] Großbanken sind an Unternehmen aus Industrie und Handel beteiligt. Sie unterhalten außerdem ein umfangreiches Portefeuille von Beteiligungen an anderen Finanzinstituten wie Spezialbanken, Investment-, Leasingbeteiligungsgesellschaften usw. Im Aus-

---

[53] http://www.konto.com/einlagensicherung/volksbank-raiffeisenbank.html
[54] http://www.konto.com/einlagensicherung/volksbank-raiffeisenbank.html
[55] Bankbetriebslehre, Gabler Verlag, 1998, S. 79

landsgeschäft nehmen die Großbanken neben den Spitzeninstituten des Sparkassen- und Genossenschaftssektors aufgrund ihres Standings eine führende Marktstellung ein.

Regionalbanken unterhalten in der Regel Niederlassungen nur in einem bestimmten geographischen Raum, und die Lokalbanken beschränken sich in ihrem Niederlassungsbereich auf einen einzigen Ort.

5 Träger der Einlagensicherung und Ausgestaltungsformen

Wie bereits erwähnt, sieht das EAEG die Errichtung unterschiedlicher Entschädigungseinrichtungen differenziert nach drei Institutsgruppen vor: Einlagenkreditinstitute in privater Rechtsform (Privat- bzw. Kreditbanken), Einlagenkreditinstitute in öffentlich-rechtlicher Rechtsform und so genannte andere Institute. (Zu den letzteren zählen jene, die keine Einlagenkreditinstitute sind, also Wertpapierhandelsbanken, Kapitalanlagegesellschaften usw.). Die Entschädigungseinrichtungen haften nur mit dem ihnen zur Verfügung stehenden Vermögen. Die Einlagensicherung über das Einlagensicherungs- und Anlegerentschädigungsgesetz bietet nur einen Mindestschutz, der sich an den Vorgaben der Europäischen Union orientiert. Darüber hinausgehende gesicherte Ansprüche müssen erforderlichenfalls durch einen Sonderbeitrag der angeschlossenen Institute an die Entschädigungseinrichtung aufgebracht werden.

Institutssicherung		Einlagensicherung
Öffentlich rechtliche Kreditinstitute	Genossenschaftsbanken	Private Kreditinstitute
Gesichert sind 100% der Einlagen	Gesichert sind 100% der Einlagen	Gesichert sind 90% des Einlagevolumens von bestimmten Nichtbnaken; max. jedoch 100.000 EUR
Sicherstellung durch: . regionale Stützungsfonds . Sicherungsreserve der Landesbanken und Sicherungs-	Sicherstellung durch: . Garantiefonds und Garantieverbund des BVR	Sicherstellung durch: . Entschädigungseinrichtung der Wertpapierhandelsunternehmen (für Wertpapierhandelsbanken) . Entschädigungseinrichtung deutscher Banken GmbH (für private Einlagenkreditinstitute)

fonds der Landesbausparkassen		
Zusätzlich ist auf freiwilliger Basis für private Kreditinstitute die Beteiligung am Gemeinschaftsfonds des BdB möglich (Einlagensicherungsfonds). . Hier sind Einleger (Nichtbanken) bis zu 30% des haftenden Eigenkapitals der Bank abgesichert.		

Abb. 2, Einlagensicherungssysteme im deutschen Bankwesen[56]

5.1 Gesetzliche Einlagensicherung

Höhe der gesetzlichen Einlagensicherung in Deutschland im Überblick

vor dem 1. Juli 2009		seit dem 1. Juli 2009		seit dem 1. Januar 2011	
% der Einlage	Maximalbetrag	% der Einlage	Maximalbetrag	% der Einlage	Maximalbetrag
90	20.000 Euro	100	50.000 Euro	100	100.000 Euro

5.1.1 Entschädigungseinrichtung deutscher Banken GmbH (EdB)

Die Entschädigungseinrichtung deutscher Banken GmbH (EdB) übernimmt die **gesetzliche Einlagensicherung** für die sogenannten privaten Einlagenkreditinstitute. Ihre Arbeit beruht auf dem Einlagensicherungs- und Anlegerentschädigungsgesetz (EAEG). Sie unterliegt der Aufsicht der Bundesanstalt für Finanzdienstleistungsaufsicht (BaFin). Die EdB ist eine hundertprozentige Tochter des Bundesverbandes deutscher Banken.[57]

---

[56] Quelle: Allgemeine Bankbetriebswirtschaft, Gabler, 2008, S. 13
[57] http://www.edb-banken.de/

Die EdB hat in erster Linie den Kunden darüber zu informieren, dass eine Bank den Betrieb eingestellt hat und für die Entschädigung der Anleger zu sorgen. Die finanziellen Mittel für die Entschädigung der Anleger werden von den angeschlossenen Bankhäusern aufgebracht.[58]

Die Sicherungsgrenze ist, wie bereits aus der oberen Tabelle ersichtlich, seit 1. Januar 2011 auf 100.000 Euro zu 100 Prozent je Kunde festgelegt.

5.1.2 Entschädigungseinrichtung des Bundesverbandes öffentlicher Banken (EdÖ)

Der Bundesverband öffentlicher Banken Deutschlands (VÖB) bündelt Interessen von Kreditinstituten, die direkt oder indirekt von der öffentlichen Hand gehalten werden und Aufgaben des öffentlichen Interesses wahrnehmen.

Die Aufgabe der Einlagensicherung wird von der Entschädigungseinrichtung des Bundesverbandes öffentlicher Banken übernommen.

Die Sicherungsgrenze entspricht der gesetzlichen Einlagensicherung. Vorausgesetzt werden grundsätzlich, dass die Einlagen in Euro bzw. in einer Währung des Mitgliedsstaates der EU geführt werden.

5.1.3 Entschädigungseinrichtung für Wertpapierhandelsunternehmen (EdW)

Die EdW ist eine Einlagensicherungseinrichtung für sonstige Finanzdienstleister. Aufgrund ferner Themenrelevanz wird dieser Punkt in der vorliegenden Arbeit nicht näher erläutert.

---

[58] http://www.tagesgeld.info/ratgeber/einlagensicherung/einlagensicherung-in-deutschland/

5.2 Institutssicherung und freiwillige Einlagensicherung

Neben der begrenzten gesetzlichen Entschädigungskonzeption des EAEG bestehen weitergehende freiwillige Absicherungen durch verschiedene Sicherungseinrichtungen. Bei Sparkassen und Genossenschaftsbanken ist eine Institutssicherung vorgesehen. Die Einlagensicherungsfonds des Bundesverbandes deutscher Banken e.V. und der Bundesverband Öffentlicher Banken Deutschlands e.V. ergänzen die Basisdeckung des EAEG.[59]

Institutssicherung

Zunächst soll das Institutssicherungssystem der Sparkassen dargestellt werden. Sparkassen betreiben ein eigenständiges System zur Einlagensicherung, welches sich in vier Stufen gliedert.

Die erste Stufe bilden regionale Stützungsfonds, die im Falle von Zahlungsunfähigkeit oder Überschuldung einzelner Institute einspringen. Sollten die Mittel der regionalen Stützfonds nicht ausreichen oder ausfallen, springt die Sicherungsreserve der Landesbanken ein. In der dritten Stufe findet ein überregionaler Austausch der einzelnen Fonds statt. Erst wenn die Ausfälle die Gesamtmittel aller regionaler Fonds übersteigen, würden sich Gemeinden, Städte, Landkreise und Bundesländer im Zuge der Gewährshaftung an den Ausfällen beteiligen.[60] Im Stützungsfall eines Instituts des Sparkassensektors kann die zuständige Sicherungseinrichtung Kapital zuführen, Garantien und Bürgschaften gewähren und andere Schutzmaßnahmen treffen.

Aktuell ist die Trägerschaft und Haftung in den regionalen Sparkassengesetzen so geregelt, dass keine Verpflichtung des Trägers besteht, der Sparkasse Mittel zur Verfügung zu stellen. Außerdem haftet der Träger nicht für die Verbindlichkeiten der Sparkasse.[61]

---

[59] Bankaufsichtsrecht, Frankfurt School Verlag, 1. Auflage 2010, S. 608
[60] Einlagensicherung und Anlegerentschädigung, Mohr Siebeck Tübingen, 2008, S. 9
[61] Als Nachweis das Sparkassengesetz einfügen.

Sicherungseinrichtung des Bundesverbands der Deutschen Volksbanken und Raiffeisenbanken (BVR) hat ebenfalls die Institutssicherung zum Ziel. Sie bildet wie die Sparkassen einen dreistufigen vertikalen Verbund.

- Genossenschaften (Primärgenossenschaften) auf örtlicher Ebene - in Form von Volksbanken, Raiffeisenbanken, Spar- und Darlehenskassen usw.

- Zentralbanken auf regionaler Ebene

- Deutsche Genossenschaftsbank als überregionales Spitzeninstitut[62]

Sämtliche Institutionen dieser Gruppe sind dieser Sicherungseinrichtung angeschlossen. Im Notfall gewährt der Garantiefonds Zuschüsse oder Darlehen.

5.2.1 Einlagensicherung des Bundesverbandes Öffentlicher Banken (VÖB)

Die freiwillige Einlagensicherung des Bundesverbandes Öffentlicher Banken Deutschlands e.V. (VÖB) sowie der Bundesverband deutscher Banken (BdB) bieten einen das EAEG ergänzenden und darüber hinaus gehenden Einlagenschutz. Dieser schützt alle Nichtbankeneinlagen, die den gesetzlichen Entschädigungsanspruch von 100.000 Euro überschreiten. Der Schutz erstreckt sich auf alle Einlagen von Privatpersonen, Wirtschaftsunternehmen und Kommunen, insbesondere Sparguthaben, Sichteinlagen, Termingelder [...] Die Einlagen von Nichtbanken sind bei den öffentlichen Kreditinstituten in unbeschränkter Höhe gesichert.[63] Die Mittel der Einlagensicherungsfonds werden von dessen Mitgliedsinstituten freiwillig aufgebracht.[64] Sofern ein Mitglied den Sicherungsfonds in Anspruch nimmt, muss es Auflagen des Fonds akzeptieren. Die erhaltenen Mittel müssen grundsätzlich zumindest teilweise zurückgezahlt werden.[65] Die Sicherungsgrenze der einzelnen Mitgliedsinstitute ist im Internet abfragbar und muss dem Kunden auf Anfrage mitgeteilt werden.

---

[62] Bankbetriebslehre, Gabler, 1998, S. 94
[63] §14 er Satzung des Einlagensicherungsfonds des VÖB
[64] Magazin: Einlagensicherungseinrichtungen des VÖB, Juli 2009, S. 8
[65] Einlagensicherung und Anlegerentschädigung, Mohr Siebeck, 2008, S. 10

Der konkrete Beitragssatz für die Mitgliedsbanken bestimmt sich nach der Zuordnung des jeweiligen Instituts zu einer der drei Risikoklassen. Klasse A stellt die Banken mit dem geringsten Risiko dar. Die Banken, die den Klassen B oder C zugeordnet sind, zahlen erhöhte Beiträge und werden einer intensiveren und häufigeren Prüfung unterzogen.[66]

5.2.1.1 Subsidiaritätsprinzip

Der Einlagenschutz vom VÖB-Einlagensicherungsfonds ist subsidiär. Einleger und Einlagen werden nur soweit geschützt, soweit diese nicht bereits durch die gesetzliche Entschädigungseinrichtung des Bundesverbandes Öffentlicher Banken Deutschlands GmbH abgedeckt werden. Das heißt, dass dieselbe Einlage eines Kunden nicht doppelt abgesichert wird. Der freiwillige Einlagenschutz geht über die im Einlagensicherungs- und Anlegerentschädigungsgesetz statuierten Anforderungen hinaus. Der Fonds ist der BaFin gemeldet und wird regelmäßig überprüft.[67]

5.2.2 Einlagensicherung des Bundesverbandes deutscher Banken (BdB)

Der Einlagensicherungsfonds des Bundesverbandes deutscher Banken hat die Aufgabe, bei drohenden oder bestehenden finanziellen Schwierigkeiten von Banken - vor allem bei drohender Zahlungsunfähigkeit - im Interesse der Einleger Hilfe zu leisten. Hiermit sollen Vertrauensverluste in die privaten Kreditinstitute vermieden werden.[68]

Zwar besteht keine Pflichtmitgliedschaft für Kreditinstitute. Die meisten Banken haben sich jedoch – zum Teil aus Wettbewerbsgründen – dazu entschlossen, dem Einlagensicherungsfonds beizutreten.

---

[66] Einlagensicherung und Anlegerentschädigung, Mohr Siebeck, 2008, S. 12
[67] Magazin: Einlagensicherungseinrichtungen des VÖB, Juli 2009, S. 9
[68] Statut des Einlagensicherungsfonds des Bundesverbandes Deutscher Banken, §2

Der Einlagensicherungsfonds erhebt bei seinen Mitgliedern eine regelmäßige jährliche Umlage, durch die er sich finanziert. Kommt es zu einem Entschädigungsfall, werden die Einlagen - also die Kundengelder - durch den Fonds zurückbezahlt. Der Fonds tritt dafür anstelle der Kunden im Insolvenzverfahren der Bank auf. Da die Insolvenzquoten bei Banken in der Regel relativ hoch sind, bekommt der Fonds einen Teil seiner Entschädigungsleistungen zurück.

Der Einlagensicherungsfonds sichert Kundeneinlagen bis zu einer Höhe von 30% des haftenden Eigenkapitals des jeweiligen Instituts.[69] Wie hoch der Schutz über den Einlagensicherungsfonds des Bundesverbandes deutscher Banken ist, zeigt ein Beispiel: Bei einer Bank mit 5,0 Millionen Euro Eigenkapital – damit ein vergleichsweise kleines Unternehmen – sind je Kunde 30 Prozent, also 1,5 Millionen Euro geschützt. Für die absolute Mehrheit der Sparer und Anleger heißt das: Ihr Kapital ist zu 100 Prozent abgesichert. Sollte eine Mitgliedsbank pleitegehen und ein Kunde 150.000 Euro auf einem Tagesgeldkonto und als Festgeld investiert haben, würden 100.000 Euro über die gesetzliche Einlagensicherung erstattet und 50.000 Euro über den Einlagensicherungsfonds.[70]

---

[69] Statut des Einlagensicherungsfonds des Bundesverbandes Deutscher Banken, §6
[70] http://www.tagesgeld.info/ratgeber/einlagensicherung/

6 Maßnahmen in besonderen Fällen

Wie bereits erwähnt, sind Bankinsolvenzen besonders für Juristen von großem Interesse. Die Banken werden als Kreditversorger, Gewährleister des Zahlungsverkehrs und Verwalter von Ersparnissen der Bevölkerung gesehen. Wenn es um die Bewältigung einer Bankenkrise geht, nehmen die Banken in juristischer und wirtschaftlicher Sicht eine Sonderstellung ein. Diese Sonderstellung resultiert aus der Annahme dass der Ausfall einer Bank häufig nicht alleine steht. „Kaum ein anderer Sektor ist in solchem Umfang einer präventiven Staatsaufsicht unterworfen."[71] Die Lösungsansätze weichen von insolvenzrechtlichen Konzeptionen ab. Sie basieren auf aufsichtsrechtlichen Parametern, schaffen Sonderzuständigkeiten gegenüber dem allgemeinen Insolvenzrecht und setzen dessen Abwicklungsfunktion teilweise zugunsten verwaltungsrechtlicher Instrumentarien außer Kraft.[72]

In §§45-48 KWG sind Maßnahmen geregelt, die im Fall der Gefährdung eines Kreditinstituts, beim Überschreiten des aufsichtsrechtlichen Rahmens oder bei Gefährdung von Einlagensicherheit eintreten. Es handelt sich hierbei um Maßnahmen bei unzureichendem Eigenkapital oder unzureichender Liquidität, Gefahr für die Sicherheit der Einlagen und bei Konkursgefahr.[73]

Für die Einleitung eines Insolvenzverfahrens sind Insolvenzgründe nach §§17-19 InsO maßgeblich. Diese sind Zahlungsunfähigkeit, drohende Zahlungsunfähigkeit und Überschuldung.

---

[71] Bankeninsolvenzen im Spannungsfeld, Duncker & Humblot, Berlin, 2005, S. 42
[72] Bankeninsolvenzen im Spannungsfeld, Duncker & Humblot, Berlin, 2005, S. 42
[73] Der Bankbetrieb, Verlag Dr. Th. Gabler, 1996, S. 599

6.1 Maßnahmen zur Vermeidung von Insolvenzgefahr

6.1.1 Maßnahmen bei unzureichenden Eigenmitteln oder unzureichender Liquidität §45 KWG

§45 räumt der BaFin das Recht ein, Maßnahmen gegen Institute einzuleiten, die nicht über angemessene Eigenmittel verfügen (§10 Abs. 1 KWG) oder deren Liquidität nicht gewährleistet ist (§11 Abs. 1 KWG). Die BaFin begrenzt die Geschäftsfähigkeit des Kreditinstituts solange, bis es die Anforderungen an Eigenkapital und Liquidität wieder erfüllt.[74] §45 ermächtigt zum frühzeitigen Eingriff, um eine Ausweitung der finanziellen Störung zur Krise und Insolvenz zu vermeiden.

Die Anordnungen dürfen erst nach Ablauf einer zuvor gegebenen angemessenen Frist, die dem Institut zur Mangelbeseitigung gegeben wurde, getroffen werden. (§45 Abs. 4 S. 1 KWG) Die Frist soll so bemessen werden, dass sie dem Unternehmen Zeit für Verhandlungen über Beschaffung zusätzlicher Eigenmittel oder für Maßnahmen zur Reduzierung des Risikos gibt.[75]

Wenn Maßnahmen nach §45 ergriffen werden, sollten diese unter Ausschluss der Öffentlichkeit ergehen, damit die bereits angespannte Lage des Instituts nicht weiter verschlimmert wird.

Die Maßnahmen richten sich nach dem entsprechenden Adressaten und können gezielt angeordnet werden. Bei Instituten in der Rechtsform des einzelkaufmännischen Unternehmens sowie in der Rechtsform der Personengesellschaft können Entnahmen, bei Instituten in der Rechtsform der juristischen Person können Ausschüttungen von Gewinnen untersagt werden. Die branchenübliche Vergütung an den Geschäftsführer bleibt jedoch bestehen.[76] Die Kreditgewährung kann beschränkt werden. Diese Beschränkung bzw. Untersagung dient der Reduzierung von Risiken und der Sicherung der Liquidität des Insti-

---
[74] KWG, Kreditwesengesetz, Kommentar, Verlag C.H. Beck München, 2009, S. 1470
[75] KWG, Kreditwesengesetz, Kommentar, Verlag C.H. Beck München, 2009, S. 1474
[76] KWG, Kreditwesengesetz, Kommentar, Verlag C.H. Beck München, 2009, S. 1470

tuts. Es können Kredite jeder Art untersagt werden. Auch die Erhöhung oder Verlängerung bereits gewährter Kredite kann eingeschränkt oder untersagt werden. Die BaFin kann die Kündigung bereits gegebener Kredite nicht verlangen. Kreditverträge, die nach einer Anordnung nach §45 geschlossen wurden, sind grundsätzlich wirksam und nicht nach §134 BGB nichtig. Gezielt können Maßnahmen zur Risikoreduzierung angeordnet werden. Da die Maßnahmen in erheblichem Umfang in die Geschäftspolitik des betroffenen Unternehmens eingreifen, stehen sie unter Vorbehalt des Grundsatzes der Verhältnismäßigkeit.[77]

Die Anordnungen nach §45 stellen Verwaltungsakte gegenüber dem betroffenen Institut dar. Eine Anfechtungsklage oder Widerspruch gegen diese Anordnungen haben keine aufschiebende Wirkung. (§49 KWG) Die Fristsetzung an sich ist jedoch kein Verwaltungsakt.

§45b regelt die Maßnahmen bei organisatorischen Mängeln. Aufgrund von den gegebenen Rahmenbedingungen für diese Arbeit wird jedoch nicht näher darauf eingegangen.

6.1.2 Maßnahmen bei Gefahr §46 KWG

Während die Maßnahmen nach §45 KWG einer Gefährdung der Gläubiger vorbeugen sollen, ermächtigt §46 KWG die BaFin zu Anordnungen, wenn die Gefährdung bereits eingetreten ist. Nach §46 kann die BaFin einstweilige Maßnahmen anordnen, wenn eine Gefahr für die Erfüllung der Verpflichtungen eines Instituts gegenüber seinen Gläubigern besteht oder wenn der Verdacht begründet ist, dass eine wirksame Aufsicht über das Institut nicht möglich ist.

Voraussetzung für die Anordnung einer Maßnahme nach §46 ist eine konkrete Gefahr für die Sicherheit der Vermögenswerte bzw. der Erfüllung sonstiger Verpflichtungen gegenüber dem Gläubiger.[78] Die Maßnahmen der BaFin nach §46

---
[77] KWG, Kreditwesengesetz, Kommentar, Verlag C.H. Beck München, 2009, S. 1472
[78] Bankaufsichtsrecht, Frankfurt School Verlag, 1. Auflage 2010, S. 92

sind – anders als nach §45 – ohne vorherige Fristsetzung möglich. Neben den Maßnahmen nach §46 kommen ein dauerndes Tätigkeitsverbot oder die Abberufung verantwortlicher Geschäftsleiter nach §36 in Betracht.

Hier soll auf den Begriff „Verpflichtungen" hingewiesen werden, der nicht genau definiert ist. Es ist nicht deutlich geschildert, ob dieser Begriff, ähnlich wie beim Insolvenzgrund der Zahlungsunfähigkeit nach §17 InsO nur fällige oder auch schon zwar noch nicht fällige, aber bestehende Zahlungs- oder sonstige Pflichten (wie bei Insolvenzgründen der drohenden Zahlungsunfähigkeit bzw. Überschuldung nach §§18, 19 InsO) erfasst sein sollen.[79]

Erhebliche wirtschaftliche Schwierigkeiten, Nichterfüllung von fälligen Verpflichtungen eines Instituts, mangelnde fachliche Eignung oder Zuverlässigkeit eines oder mehrerer Geschäftsleiter könnten eine Gefahr im Sinne des Paragraph §46 KWG darstellen. Für den Nachweis einer Gefahr sind konkrete Anhaltspunkte für eine bereits eingetretene oder bevorstehende Gefährdung der Verpflichtungen eines Instituts ausreichend.

Konkrete Anhaltspunkte sind Voraussetzungen für Maßnahmen nach Abs. 1, Satz 1,2, für die Unmöglichkeit einer wirksamen Aufsicht. Die BaFin muss nicht nachweisen, dass die Aufsicht tatsächlich unmöglich ist.

Maßnahmen nach §46 Abs. 1 dürfen nur „einstweilig" sein. Das heißt, sie müssen – ähnlich wie bei einstweiligen Anordnungen nach §123 VwGO – vorübergehenden Charakter haben und dürfen keinen endgültigen und irreversiblen Zustand schaffen.[80]

Die einzelnen Maßnahmen reichen von Anweisungen an die Geschäftsführung, Verbot der Annahme von Einlagen, Geldern oder Wertpapieren sowie Gewährung von Krediten, Verbot der Annahme von Vermögenswerten von Kunden, Verbot der Kreditgewährung, Verbot oder Beschränkung der Tätigkeit von Ge-

---

[79] Bankeninsolvenzen im Spannungsfeld, Duncker & Humblot, Berlin, 2005, S. 42
[80] KWG, Kreditwesengesetz, Kommentar, Verlag C.H. Beck München, 2009, S. 1495

schäftsleitern über Bestellung von Aufsichtspersonen und Nichtigkeit von Gewinnausschüttungsbeschlüssen.

Der vom Tätigkeitsverbot betroffene Geschäftsleiter ist nur noch zu Handlungen befugt, die zur Aufrechterhaltung der Handlungsfähigkeit des Instituts notwendig sind.

Kredite, die unter Verstoß gegen Anordnungen nach §46 Abs. 1 gewährt wurden, oder entgegengenommene Einlagen oder Gelder, sind zivilrechtlich wirksam, da die Verbotswidrigkeit des Geschäftsabschlusses für den Kunden im Zweifel nicht erkennbar ist.

Maßnahmen nach §46 Abs. 1 sind nach §49 sofort vollziehbar. Widerspruch und Anfechtungsklage haben keine aufschiebende Wirkung.

6.1.3 Maßnahmen bei Insolvenzgefahr §46a KWG

Mit §46a wurden der BaFin zusätzliche Instrumentarien zur Gefahrenabwehr gegeben. Die in §46 vorgesehenen Maßnahmen reichten nach Auffassung des Gesetzgebers nicht aus, um einem vor der Insolvenz stehenden Institut die Sanierung zu ermöglichen.[81] §46a hatte durch die Anordnung des sog. Moratoriums ein Einfrieren der Geschäftstätigkeit zur Folge. Der Paragraph setzte zusätzlich zu den Voraussetzungen des §46 Abs.1 voraus, dass eine Insolvenznähe oder eine Insolvenzgefahr vorliegen muss. Eine Insolvenzgefahr liegt bei drohender Überschuldung oder bei drohender Zahlungsunfähigkeit, bzw. beim Eintreten dieser, vor. Die BaFin war auch bei Vorliegen dieser Eröffnungsgründe nicht verpflichtet einen Insolvenzantrag zu stellen. Es konnten ein Veräußerungs- und Zahlungsverbot, eine Schließung des Instituts und Verbot der Entgegennahme von Zahlungen angeordnet werden.

Aufgrund des Gesetzes zur Restrukturierung und geordneten Abwicklung von Kreditinstituten zur Errichtung eines Restrukturierungsfonds für Kreditinstitute

---

[81] Bankeninsolvenzen im Spannungsfeld, Duncker & Humblot, Berlin, 2005, S. 148

und zur Verlängerung der Verjährungsfrist vom 09.12.2010 m.W.v. 01.01.2011[82], ist der §46a entfallen.

6.1.3.1 Restrukturierungsgesetz (RStruktG)

Das Restrukturierungsgesetz ist eine der wesentlichen Lehren aus der Finanzmarktkrise 2008. Die Erfahrungen mit der Insolvenz von Lehman Brothers haben gezeigt, dass bereits die Insolvenz einer mittelgroßen Bank mit starken Vernetzungen Schockwellen auf dem Finanzmarkt auslösen kann, die die Stabilität des gesamten Finanzsystems gefährden.[83]

Das Bundesfinanzministerium schaffte eine Neuregelung, weil das herkömmliche Insolvenzrecht und die bankenaufsichtsrechtlichen Instrumente darauf abzielten, den Geschäftsbetrieb einzufrieren. Die vorherige Regelung könnte negative Auswirkungen auf andere Finanzmarktteilnehmer und auf das Finanzsystem haben. Wenn die Beteiligten fest damit rechnen könnten, dass der Staat im Notfall einspringt, schwächt es die unternehmerische Verantwortung der Beteiligten.

Das Restrukturierungsgesetz hat fünf Bestandteile:

- Das Verfahren zur *Sanierung* und *Reorganisation* von Kreditinstituten soll zweistufig ablaufen. Es soll nach der Vorstellung des Gesetzes auf Initiative des Kreditinstituts selbst eingeleitet werden. *Sanierungsverfahren*: bei Problemen, die beherrschbar sind, soll die Geschäftsleitung ein Sanierungsverfahren zur Rettung der Bank durchführen können. Sie könne so bei einer Schieflage früh eingreifen und viele Handlungsoptionen nutzen, die im Wesentlichen aus dem KWG bekannt sind. *Reorganisationsverfahren*: bei Problemen, die zur Pleite und zu Gefahren für das Finanzsystem führen können, kann ein Verfahren eröffnet werden, das sich im Wesentlichen am bestehenden. Insolvenzplanver-

---

[82] vgl. BGBl. 2010, Teil 1 Nr. 63, S. 1900, www.bgbl.de
[83] www.bundesfinanzministerium.de Startseite vom 25.08.2010

fahren orientiert, aber Besonderheiten enthält. Das Reorganisationsverfahren setzt eine Gefährdung der Stabilität des Finanzmarktes voraus.

Das Sanierungsverfahren wird vom Kreditinstitut durch eine Anzeige der Sanierungsbedürftigkeit bei der Bundesanstalt eingeleitet. Mit der Anzeige soll ein Sanierungsplan erstellt werden und ein Sanierungsberater vorgeschlagen werden. Das Oberlandesgericht entscheidet über den Antrag. Das Oberlandesgericht ordnet die Durchführung des Sanierungsverfahrens an und bestellt sogleich den Sanierungsberater.

Der Sanierungsberater ist befugt, die Geschäftsräume zu betreten und die notwendigen Nachforschungen anzustellen, Einsicht in die Bücher zu nehmen und Geschäfte für das Kreditinstitut zu tätigen. Der Sanierungsberater steht unter Aufsicht des Oberlandesgerichts.

Das *Reorganisationsverfahren* kann einen wesentlichen Eingriff in die Rechte von Gläubigern bedeuten. Aus diesem Grund ist die Anwendung nur bei systemrelevanten Banken und im Fall einer besonders schwerwiegenden Krise, die sich erheblich negativ auf die Stabilität des Finanzmarktsystems auswirken könnte, möglich. Die gerichtliche Einsetzung eines Sanierungs- bzw. Reorganisationsberaters, der Verantwortung für die Umsetzung übernimmt und für Fehlverhalten haftet, ist für beide Stufen vorgesehen.

Falls ein Sanierungsverfahren für aussichtslos gehalten wird, kann das Kreditinstitut sogleich ein Reorganisationsverfahren durch Anzeige bei der Bundesanstalt unter Vorlage eines Reorganisationsplans einleiten. In dem Reorganisationsplan kann die Liquidation eines Kreditinstituts vorgesehen werden. Der Reorganisationsplan wird gerichtlich bestätigt und ins Handelsregister eingetragen.

Die in den Sanierungs- und Reorganisationsverfahren getroffenen gerichtlichen Entscheidungen ergehen durch Beschluss und sind unanfechtbar.

- Die *Befugnisse der BaFin* sollen ausgebaut und die Krisenprävention gestärkt werden. Die BaFin soll künftig von einer Bank frühzeitig Sanierungsschritte fordern und durchsetzen. Sie erhält zusätzliche Handlungsinstrumente, um jederzeit eingreifen zu können, wenn eine Bank in Schwierigkeiten ist. Bei Gefährdung der Finanzmarktstabilität soll die BaFin anordnen, dass systemrelevante Geschäftsbereiche einer Bank auf eine andere private Bank oder auf eine staatliche „Brückenbank" vorübergehend zu übertragen sind.[84]

- Die Banken sollen an den Kosten künftiger Krisen beteiligt werden. Hierfür soll ein *Restrukturierungsfonds* eingerichtet werden. Alle Kreditinstitute sollen dafür Beiträge entrichten. Die Höhe der Abgabe soll nach dem jeweiligen Bankrisiko eingeschätzt werden.

- Die Bundesanstalt für Finanzmarktstabilisierung (BaFin) erhält *neue erweiterte Aufgaben*. Sie verwaltet den Stabilitäts-Fonds und übernimmt die Verantwortung für die Durchführung von Restrukturierungsmaßnahmen im Bankensektor.

- Die *Verjährungsfristen* für eine sorgfältige Aufarbeitung von Krisen sollen verlängert werden. Die Haftung bei Pflichtverletzungen der Geschäftsführung soll auf zehn Jahre gesetzt werden. Damit soll die Durchsetzung von Entschädigungsansprüchen auch nach spätem Bekannt werden von Pflichtverletzungen möglich.

6.1.4 Insolvenzantrag §46b KWG

§46b regelt das so genannte „Sonderinsolvenzrecht", da Banken Wirtschaftsunternehmen mit vielfältigen volkswirtschaftlichen Aufgaben sind, die in nahezu alle Prozesse von Wirtschaft und Gesellschaft eingebunden sind. Sowohl bei eingetretener als auch bei drohender Insolvenzfähigkeit haben die Geschäftsleiter bzw. Inhaber dies der Bundesanstalt unter Belegung aussagekräftiger Unterlagen unverzüglich anzuzeigen. An Stelle der Antragspflicht tritt die Anzeigepflicht. Die Anzeigepflicht wird mit Vorliegen eines Insolvenzgrundes – bei

---

[84] www.gesetzgebung.beck.de

Überschuldung oder Zahlungsunfähigkeit – ausgelöst. Zur genaueren Definition kann auf die §§17 Abs. 2, 18 Abs. 2, 19 Abs. 2 InsO zurückgegriffen werden. Es ist von einer Zahlungsunfähigkeit auszugehen, wenn der Schuldner mindestens 10% seiner fälligen Gesamtverbindlichkeiten nicht erfüllen und diese Liquiditätslücke nicht innerhalb von drei Wochen schließen kann.[85] (§17 Abs. 2) Überschuldung liegt vor, wenn das Vermögen des Schuldners die bestehenden Verbindlichkeiten nicht mehr deckt. Es sei denn, die Fortführung des Unternehmens ist wahrscheinlich.(§19 Abs. 2) Eine drohende Zahlungsunfähigkeit liegt vor, wenn der Schuldner voraussichtlich nicht in der Lage sein wird, den bestehenden Zahlungspflichten bis zum Zeitpunkt der Fälligkeit nachzukommen.(§18 Abs. 2) Bei drohender Zahlungsunfähigkeit kann der Antrag nur mit Zustimmung des Instituts gestellt werden. (§46a Abs. 1) Zur Stellung des Insolvenzantrags ist gemäß §46b Abs. 1 KWG ausschließlich die BaFin berechtigt.[86] Die Geschäftsleiter eines Kreditinstituts sind zur Anzeige verpflichtet. Eine Verletzung der Anzeigepflicht ist nach §55 KWG strafbar. Insolvenzanträge durch das Institut oder seine Gläubiger sind beim Insolvenzgericht unzulässig (§13 InsO).

Für die Antragstellung durch die BaFin gelten die Vorschriften der §§14, 15 InsO nicht. Vor allem ist keine Glaubhaftmachung des Eröffnungsgrundes nötig. Das Gesetz vertraut der BaFin und geht von einem sachgerechten und verantwortungsbewussten Ausüben des Rechts aus. Die BaFin ist nicht an die Anzeige der Geschäftsleitung gebunden. Sie kann von sich aus tätig werden und einen Insolvenzantrag stellen. Die BaFin ist nicht zur Antragstellung verpflichtet. Es liegt in ihrem Ermessen, eine Entscheidung über die Antragstellung unter Berücksichtigung des Grundsatzes der Verhältnismäßigkeit zu treffen.[87]

Durch die Monopolisierung des Insolvenzantragsrechts in §46b KWG bewirkt der Gesetzgeber einen dominierenden Einfluss der Aufsicht auf die Frühphase der Bankinsolvenz.

---

[85] Bankaufsichtsrecht, Frankfurt School Verlag, 2010, S. 100
[86] Das Antragsrecht wird als Ausnahme dem von der BaFin bestellten Abwickler nach §37 Abs. 2 KWG eingeräumt
[87] KWG, Kreditwesengesetz, Kommentar, Verlag C.H. Beck München, 2009, S. 1527

6.1.5 Moratorium, Einstellung des Bank- und Börsenverkehrs §47 KWG

Im §47 KWG werden Maßnahmen geregelt, die bei einer Gefährdung der gesamten Volkswirtschaft ergriffen werden können. Bei schwerwiegender Gefahr für die Gesamtwirtschaft kann die Bundesregierung durch eine Rechtsverordnung ein Moratorium anordnen. Ein Moratorium bedeutet eine Einstellung der Bank- und Börsentätigkeit. Ziel dieser Notstandsmaßnahme ist ein vorübergehendes Stillhalten der geschäftlichen Tätigkeit. Diese Regelung setzt zwei Tatbestandsmerkmale, die kumulativ vorliegen müssen, voraus: Es müssen wirtschaftliche Schwierigkeiten bei Kreditinstituten zu befürchten sein und die wirtschaftlichen Schwierigkeiten sollen schwerwiegende Gefahren für die Gesamtwirtschaft erwarten lassen.[88]

Von den wirtschaftlichen Schwierigkeiten müssen mehrere Kreditinstitute betroffen sein. Zu wirtschaftlichen Schwierigkeiten gehören z. B. Liquiditätsengpässe oder eine drohende Überschuldung. Für den Erlass einer Maßnahme genügt die Befürchtung wirtschaftlicher Schwierigkeiten. Schwerwiegende Gefahren für die Gesamtwirtschaft liegen vor, wenn Dienstleistungen, Warenaustausch und das hierfür benötigte Kapital beeinträchtigt werden können.

Durch ein Moratorium wird einem oder mehreren Kreditinstituten ein Aufschub für die Erfüllung aller Verbindlichkeiten gewährt.[89] Es soll vor einem Abzug der Mittel aufhalten und dem Kreditinstitut Gelegenheit geben, die Maßnahmen zur Behebung der finanziellen Schwierigkeiten zu treffen.[90] Durch das Moratorium wird eine Stundung der Verbindlichkeiten bewirkt, bis dieses beendet wird. Sämtliche Zwangsvollstreckungsmaßnahmen werden untersagt. Ein Moratorium nach §47 Abs. 1 Nr. 1 KWG kann nur ein einzelnes Kreditinstitut betreffen. Wenn es sich um mehrere Kreditinstitute handelt, ist von so genannten Bankfeiertagen nach Nr. 2 die Rede – allgemeine Schließung aller Kreditinstitute.[91] Von dieser Schließung ist nur der Kundenverkehr, nicht jedoch der Verkehr

---

[88] KWG, Kreditwesengesetz, Kommentar, Verlag C.H. Beck München, 2009, S. 1563
[89] KWG, Kreditwesengesetz, Kommentar, Verlag C.H. Beck München, 2009, S. 1565
[90] Bankaufsichtsrecht, Frankfurt School Verlag, 2010, S. 102
[91] Bankaufsichtsrecht, Frankfurt School Verlag, 2010, S. 104

zwischen Kreditinstituten und der Deutschen Bundesbank oder sonstigen Zentralkreditinstituten betroffen. Die Bundesregierung kann die Anordnung der Schließung des Kundenverkehrs aus Zweckmäßigkeitsgründen auf bestimmte zweifelsfrei abgrenzbare Arten oder Gruppen von Kreditinstituten sowie auf bestimmte Bankgeschäfte - z. B. das Einlagengeschäft beschränken.[92]

6.1.6 Insolvenzrechtliche Eingriffstatbestände und Antragstellung durch die Aufsicht §§17-19 InsO und ihre Bedeutung für die Bankinsolvenz

Die Regelungen §46b bewirken einen vom Gesetzgeber gewollten dominierenden Einfluss auf die Aufsicht auf die frühe Phase der Bankeninsolvenz. Die Kreditinstitute verlieren die Möglichkeit zu bestimmen, wann der Insolvenztatbestand als solcher festgestellt wird. Bisher wurde diese Funktion durch die insolventen Unternehmen selbst oder durch Gläubiger ausgelöst. Nun entscheidet die Bankenaufsicht, wann es zum Verfahrensantrag kommt. Die Auslegung des Begriffs der „Gefahr für die Erfüllung der Verpflichtungen" i.S.d §46 Abs. 1 S. 1 KWG bereitet insofern Schwierigkeiten, dass die Feststellung der Zahlungsunfähigkeit aufgrund des besonderen Charakters des Bankgeschäfts nicht nur auf die Fälligkeit der bestehenden Zahlungsverpflichtungen beschränkt werden darf. Aus diesem Grund eignet sich §17 Abs. 2 InsO nicht zur Anwendung auf die Bankinsolvenz. Denkbar ist die Antragsstellung in diesem Fall erst bei Eintritt eines „Runs" auf die Einlagen. Aus diesem Grund ist Überschuldung der wichtigste Insolvenzgrund bei Banken.[93]

Die aufsichtsrechtlichen Kompetenzen werden zugunsten der frühzeitigen Anwendung des Insolvenzrechts ausfallen, da bereits bei drohender Zahlungsunfähigkeit dem Schuldner die Antragstellung vorbehalten wird. Die Einleitung eines Insolvenzverfahrens nach §46b S. 3 KWG findet bei Fehlschlagen der aufsichtsrechtlichen Maßnahmen zur Wiederherstellung finanzieller Stabilität

---
[92] KWG, Kreditwesengesetz, Kommentar, Verlag C.H. Beck München, 2009, S. 1566
[93] Bankeninsolvenzen im Spannungsfeld, Duncker & Humblot, Berlin, 2005, S. 158

statt, und zwar bei Tatbestand einer Zahlungsunfähigkeit (§17 InsO), Überschuldung (§19 InsO) und bei drohender Zahlungsunfähigkeit (§18 InsO). Der Eröffnungsantrag ist in das Ermessen der Aufsicht gestellt. Er wird als ultima ratio nach vorangegangenen Eingriffen und zu einem Zeitpunkt gestellt, wenn bereits Klarheit über die finanzielle Situation besteht.[94]

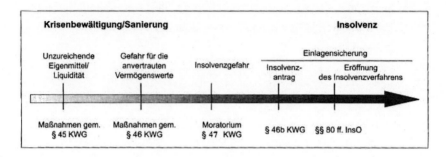

Abb. 3, Anforderungen an die Eigenmittelausstattung von Instituten[95]

---

[94] Bankeninsolvenzen im Spannungsfeld, Duncker & Humblot, Berlin, 2005, S. 160
[95] Quelle: Bankaufsichtsrecht, Frankfurt School Verlag, 2010, S. 106

7 Die Aufsichtsrechtliche Bedeutung des Eigenkapitals

Die Eigenmittelausstattung der Banken ist eine der tragenden Säulen der Bankenaufsicht. Hierunter ist die Angemessenheit der Eigenmittel eines Instituts im Verhältnis zu den von ihm eingegangenen Risiken zu verstehen.[96] Viele KWG-Vorschriften beziehen sich auf diese Bezugsgröße. §10 KWG lautet: „Die Kreditinstitute müssen im Interesse der Erfüllung ihrer Verpflichtungen gegenüber ihren Gläubigern, insbesondere zur Sicherheit der ihnen anvertrauten Vermögenswerte, ein angemessenes haftendes Eigenkapital haben."[97]

Die rechtlichen Grundlagen zur Ermittlung der Angemessenheit der Eigenmittelausstattung der Institute wurden mit der Solvabilitätsverordnung (SolvV) zum 01.01.2007 neu geregelt. Der Gesetzgeber hat die Anforderungen an die Angemessenheit der Eigenmittel in §10, 10a KWG in Verbindung mit der SolvV normiert.

Somit hat das Eigenkapital der Kreditinstitute eine Verlustausgleichs- und Haftungsfunktion.[98] Diese Funktion ist für Verluste, die aus den banktypischen Risiken(Ausfall-, Preis-, Zinsänderungs-, Wechselkursrisiko) entstehen. Die Verluste sollen durch Eigenkapital aufgefangen werden, damit sich solche Ausfälle nicht auf die Vermögenswerte der Bankgläubiger abfärben.

Die Eigenmittel eines Kreditinstituts nach §10 Abs. 2 KWG setzen sich entsprechend aus haftendem Eigenkapital und Drittrangmitteln zusammen. Das haftende Eigenkapital wird in Kern- und Ergänzungskapital aufgeteilt.

Die Zusammensetzung der Eigenmittel der Institute dargestellt in einer Tabelle ist auf S. IV im Anhang zu finden.

---

[96] Bankaufsichtsrecht, Frankfurt School Verlag, 2010, S. 295
[97] Der Bankbetrieb, Verlag Dr. Th. Gabler, 1996, S. 599
[98] Ausfall-, Preis-, Zinsänderungs-, Wechselkursrisiko usw.

7.1 Definition des haftenden Eigenkapitals

Betriebswirtschaftlich wird Eigenkapital als Differenz zwischen der „Geldwertsumme des Vermögens" und der „Geldwertsumme der Verpflichtungen" gesehen.

Das im KWG definierte „haftende Eigenkapital" schließt sowohl Bestandteile ein, die direkt aus der Bilanz erkennbar sind, als auch bestimmtes Fremdkapital und die stillen Reserven, die bei den Banken in einem großen Umfang vorhanden sind. „Haftendes Eigenkapital" ist ein Begriff, der den Bedürfnissen der Bankenaufsicht entspricht, damit die Kreditinstitute ihren Verpflichtungen gegenüber den Gläubigern nachkommen können. Das KWG unterscheidet zwischen Kernkapital und Ergänzungskapital.

Aufsichtsrechtlich ist das haftende Eigenkapital die Summe aus dem Kern- und dem Ergänzungskapital und Bestandteil der Eigenmittel eines Kreditinstituts (§10 Abs. 2 S. 1 KWG)

Aufgrund von umfangreichen Regelungen und Erläuterungen zum haftenden Eigenkapital wird im Folgenden eingeschränkt erläutert, da ansonsten der Rahmen dieser Arbeit gesprengt werden würde.

7.2 Kernkapital

Das Kernkapital hat Merkmale, die für die Funktion des haftenden Eigenkapitals als Risikoträger von großer Bedeutung sind. Es steht dem Kreditinstitut grundsätzlich langfristig zur Verfügung. Es ist voll eingezahlt und haftet im Konkursfall. Die Kapitalgeber des Kernkapitals stehen im Insolvenzfall im Rang hinter den anderen Gläubigern des Instituts, auch hinter den Ergänzungskapitalgebern.[99] In §10 Abs. 2a KWG werden die aufsichtsrechtlich anerkannten Komponenten des Kernkapitals sowie die zu berücksichtigenden Abzugsposten genannt. Hierbei muss aufgrund der möglichen unterschiedlichen gesellschafts-

---

[99] Bankaufsichtsrecht, Frankfurt School Verlag, 2010, S. 298

rechtlichen Formen eines Instituts zwischen den rechtsformunabgängigen und den rechtsformspezifischen Bestandteilen differenziert werden.

7.2.1 Rechtsformspezifisches Kernkapital

Die rechtsformspezifischen Kapitalbestandteile einschließlich der rechtsformspezifischen Abzugsposten sind in §10 Abs. 2a S. 1 Nrn. 1 bis 6 KWG aufgeführt. Sie beinhalten hauptsächlich das eingezahlte Geschäftskapital und die Rücklagen als die beiden zentralen Komponenten des Kernkapitals.[100]

Aktiengesellschaften (AG), Kommanditgesellschaften auf Aktien (KGaA) und Gesellschaften mit beschränkter Haftung (GmbH) können aufsichtsrechtlich das eingezahlte Grund- oder Stammkapital und die Rücklagen abzüglich der kumulativen Vorzugsaktien und der eigenen Aktien im Bestand als Kernkapital berücksichtigen (§10 Abs. 2a S. 1 Nr. 2 KWG).

Rechtsform	Kapitalbestandteil
Einzelkaufleute, offene Handelsgesellschaften (OHG), Kommanditgesellschaften	Eingezahltes Grund- oder Stammkapital + Rücklagen - Entnahmen des Inhabers oder der persönlich haftenden Gesellschafter - dem Inhaber oder den persönlich haftenden Gesellschaftern gewährte Kredite - Schuldenüberhang beim freien Vermögen des Inhabers
Aktiengesellschaften, Kommanditgesellschaften auf Aktien (KGaA) Gesellschaften mit beschränkter Haftung	Eingezahltes Grund- oder Stammkapital + Rücklagen - kumulative Vorzugsaktien - Eigene Aktien im Bestand Nur bei KGaA + Vermögenseinlagen der persönlich haftenden Gesellschafter, die nicht auf das Grundkapital geleistet worden sind - Entnahmen der persönlich haftenden Gesellschafter - den persönlich haftenden Gesellschaftern gewährte Kredite

---

[100] Bankaufsichtsrecht, Frankfurt School Verlag, 2010, S. 299 und KWG, Kreditwesengesetz, Kommentar, Verlag C.H. Beck München, 2009, S. 309

Eingetragene Genossenschaften (eG)	Geschäftsguthaben + Rücklagen - Geschäftsguthaben von zum Schluss des Geschäftsjahres ausscheidenden Mitgliedern - Ansprüche von ausscheidenden Mitgliedern auf Auszahlung eines Anteils an der in der Bilanz ausgewiesenen Ergebnisrücklage nach §73 Abs. 3 GenG
Öffentlich-rechtliche Sparkassen, Sparkassen des privaten Rechts, die als öffentlich-rechtliche Sparkassen anerkannt sind	Rücklagen
Kreditinstitute des öffentlichen Rechts	Eingezahltes Dotationskapital + Rücklagen
Kreditinstitute in einer anderen Rechtsform	Eingezahltes Kapital + Rücklagen

Abb. 4, Anforderungen an die Eigenmittelausstattung von Instituten[101]

7.2.2 Rechtsformunabhängiges Kernkapital

Zu den rechtsformunabhängigen Kernkapitalbestandteilen zählen der Sonderposten für Bankrisiken gem. §340g HGB (§10 Abs. 2a S. 1 Nr. 7 KWG) und die Vermögenseinlagen stiller Gesellschafter (§10 Abs. 2a S. 1 Nr. 8 KWG). Die Bank kann außerdem den Bilanzgewinn als rechtsformunabhängige Kernkapitalkomponente berücksichtigen (§10 Abs. 2a S. 1 Nr. 9 KWG).[102]

7.2.3 Weitere Kernkapitalbestandteile

An dieser Stelle ist zu erwähnen, dass neben den oben genannten Kernkapitalbestandteilen, die vom Gesetzgeber ausdrücklich geregelt sind, von den Instituten weitere Kapitalbestandteile berücksichtigt werden können. Hierzu zählen u. a. Pflichtwandelanleihen und Preferred Securities. (Definition ist im Anhang auf Seiten V und VI).

---

[101] Quelle: KWG, Kreditwesengesetz, Kommentar, Verlag C.H. Beck München, 2009, S. 359
[102] Bankaufsichtsrecht, Frankfurt School Verlag, 2010, S. 299 und KWG, Kreditwesengesetz, Kommentar, Verlag C.H. Beck München, 2009, S. 360

7.3 Ergänzungskapital

Das Ergänzungskapital erfüllt weniger strenge Qualitätsstandards und kann nicht dem Kernkapital zugerechnet werden. Aufsichtsrechtlich sind die in §10 Abs. 2b S 1 KWG aufgezählten Kapitalkomponenten vom Gesetzgeber anerkannt.[103] In §10 Abs. 2b S. 1 Nrn. 5 und 8 KWG sind die längerfristigen nachrangigen Verbindlichkeiten und der Haftsummenzuschlag geregelt, die ebenfalls zum Ergänzungskapital gehören. Die ungebundenen Vorsorgereserven gem. §340 HGB (§10 Abs. 2b S. 1 Nr. 1 KWG) und die kumulativen Vorzugsaktien (§10 Abs. 2b S. 1 Nr. 2 KWG) zählen ebenfalls dazu. Die Genussverbindlichkeiten und die längerfristigen nachrangigen Verbindlichkeiten können unter bestimmten Voraussetzungen ebenfalls berücksichtigt werden. Das KWG erkennt aufgrund der Qualitätsunterschiede Ergänzungskapital maximal in Höhe des Kernkapitals an. (§6a KWG)

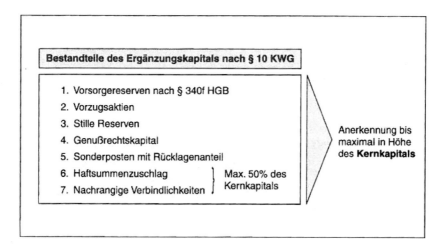

Abb. 5, Ergänzungskapital[104]

---

[103] Bankaufsichtsrecht, Frankfurt School Verlag, 2010, S. 304
[104] Quelle: Der Bankbetrieb, Verlag Dr. Th. Gabler, 1996, S. 602

8 Die Allgemeinen Geschäftsbedingungen

Die AGB-Banken wurden 1937 eingeführt und mehrmals geändert. Sie werden von allen privatrechtlich organisierten Kreditinstituten verwendet. Die gewerblichen und die ländlichen Kreditgenossenschaften verwenden nahezu unverändert die AGB-Banken. Die Sparkassen und Girozentralen verwenden andere aber inhaltlich ähnliche AGB.[105] Man kann davon ausgehen, dass alle Kreditinstitute die AGB-Banken bzw. AGB-Sparkassen einheitlich verwenden und alle Leistungen auf der Grundlage dieser Bedingungen abgewickelt werden.

8.1 Allgemeine Geschäftsbedingungen der Banken (AGB-Banken)

Der Abschnitt „Schutz der Einlagen" mit dem Unterpunkt 20, Einlagensicherungsfonds definiert im §1 den Schutzumfang:

„Die Bank ist dem Einlagensicherungsfonds des Bundesverbandes deutscher Banken e.V. angeschlossen. Der Einlagensicherungsfonds sichert alle Verbindlichkeiten, die in der Bilanzposition „Verbindlichkeiten gegenüber Kunden" auszuweisen sind. Hierzu zählen Sicht-, Termin- und Spareinlagen einschließlich der auf den Namen lautenden Sparbriefe. Die Sicherungsgrenze je Gläubiger beträgt 30% des für die Einlagensicherung jeweils maßgeblichen haftenden Eigenkapitals der Bank. Diese Sicherungsgrenze wird dem Kunden von der Bank auf Verlangen bekannt gegeben. Sie kann auch im Internet unter www.bdb.de abgefragt werden." Durch diese Regelung soll verdeutlicht werden, dass das maßgeblich haftende Eigenkapital Schwankungen unterliegen kann. Bei der Einlagensicherungsgrenze handelt es sich nicht um eine Grenze, die festgelegt ist.

Des Weiteren wird im §3 auf den Statut des Einlagensicherungsfonds verwiesen. §3 Voraussetzung für die Mitwirkung an dem Sicherungsfonds.

---

[105] AGB-Banken und Sonderbedingungen Kommentar, , Verlag C.H. Beck München, 2007, S. 27

Die Genossenschaftsbanken haben keine Einlagensicherung, sondern eine Institutssicherung eingerichtet.

8.1.1 Statut des Einlagensicherungsfonds

Nr. 20 Abs. 1 S. 1 der AGB-Banken weist darauf hin, dass die Bank dem Einlagensicherungsfonds des Bundesverbandes deutscher Banken e.V. angeschlossen ist. Mit dieser Regelung erfüllen die Banken, die dem Einlagensicherungsfonds angeschlossen sind, ihre satzungsmäßige Pflicht aus §5 Abs. 4 Statut des Einlagensicherungsfonds.[106] Das Statut des Einlagensicherungsfonds ist satzungsgemäß dazu bestimmt, Einlagen von Bankkunden gegen die Gefahr einer Bankinsolvenz abzusichern.

8.2 Allgemeine Geschäftsbedingungen der Sparkassen (AGBSp)

Die Sparkassen führen im Punkt 28 ihrer AGB`s den Schutz der Einlagen als Folgendes:

„Sparkasse ist dem Sicherungssystem der Deutschen Sparkassen-Finanzgruppe angeschlossen."

---

[106] AGB-Banken und Sonderbedingungen Kommentar, , Verlag C.H. Beck München, 2007, S. 261

9 Zusammenfassung

Sicherlich stellen Einlagensicherungssysteme in Deutschland und der EU einen hohen Standard der Einlagensicherung dar. Um den komplexen Umfang dieser Strukturen jedoch einigermaßen zu verstehen, muss sich der Anleger sehr intensiv damit beschäftigen.

In der vorliegenden Arbeit konnte nur auf die wichtigsten Grundlagen der Einlagensicherung und Anlegerentschädigung und deren gesetzliche Basis, beschränkt auf die Einlagen von Nichtbanken, eingegangen werden. Die Erarbeitung und Erläuterung des kompletten Themas bedürfte eines größeren Umfangs.

Die gesetzliche Regelung der Einlagensicherung und Anlegerentschädigung schützt somit die „kleineren" Sparer und Einleger vor dem Verlust Ihrer Ein- und Rücklagen. Die Änderung des Einlagensicherungs- und Anlegerentschädigungsgesetzes verbesserte die Position der Einleger deutlich, indem die Sicherungssumme der Einlagen von 50.000 Euro auf 100.000 Euro angehoben wurde.

Die „größeren" Anleger, die über Einlagen verfügen, welche über den Sicherungsgrenzen des Gesetzes und der entsprechenden Banken liegen, müssen sich mit dem Thema der Sicherung mehr beschäftigen. Im Insolvenzfall ihrer Bank wäre nicht die gesamte Summe ihrer Einlagen geschützt, und das Verlustrisiko wäre deshalb höher.

Im Allgemeinen musste festgehalten werden, dass der Umfang dieses Themas für einen Laien ein recht unerforschtes Terrain darstellt. Außerdem ist der Großteil der vorhandenen Literatur sehr veraltet. Teilweise sind die zum Nachschlagen angebotenen Werke über 30 Jahre alt. Die Grundlagen bzw. der geschichtliche Hintergrund könnte hierbei noch stimmen, die Aktualität der Literatur lässt jedoch sehr zu wünschen übrig. Die Verfasser beschäftigen sich hauptsächlich mit den allgemeinen Bankregelungen, jedoch nicht mit den Einlagensicherungen direkt.

Die Finanzmarktkrise hat offen gelegt, dass das System nicht ausreichend krisenresistent ist. Aufbauend auf diesen Erkenntnissen wurden bereits wichtige Vorentscheidungen getroffen, die die zukünftige Ausgestaltung der Bankenregulierung ändern wird. So können bemerkte Lücken in der Bankenaufsicht- und -regulierung behoben und verbessert werden, um zukünftige Fehlentwicklungen zu vermeiden. Fraglich ist jedoch, ob künftige Bankenkrisen einen ähnlichen Ablauf haben werden.

Für die Aufsichtsinstitutionen bietet die Finanzkrise die Möglichkeit, ein weltweites Aufsichtssystem voranzutreiben. Für die Zukunft wird eine zentralisierte Bankenaufsicht angestrebt. Die Europäische Kommission hat im Mai 2009 bereits Vorschläge für ein neues Aufsichtssystem veröffentlicht. Drei neue europäische Aufsichtsagenturen sollen in diesem Jahr ihre Tätigkeit aufnehmen: European Bank Authority (EBA), European Securities and Markets Authority (ESMA) und European Insurance and Occupational Pensions Authority (EIOPA).

Die verschiedenen Entwicklungen der Aufsichtsstrukturen wie auch die geänderten Eigenkapitalanforderungen sind keine Garantie für eine gute Institutionsaufsicht. Immer mehr grenzüberschreitendes Denken wird verlangt. Und immer öfter stellt sich die Frage nach der Sicherheit.

In Anbetracht der Tatsachen, dass in Fällen von Bankinsolvenzen Maßnahmen erst im Nachhinein getroffen und verschärft werden und dass die Insolvenzen nicht nach einem vorgegebenen Schema ablaufen, sondern immer einen anderen Verlauf aufweisen, bleibt nur zu hoffen, dass die Gesetzgebung alle möglichen Risiken berücksichtigt und entsprechende Präventionsregelungen erstellt. Immer wieder wurde von "to big to fall" gesprochen, doch leider mussten während der Krise Zuschüsse vom Bund für die angeschlagenen Bankhäuser gezahlt und die Banken zum Teil auch verstaatlicht werden. Diese

Gelder kamen nicht aus den Sicherungseinrichtungen und wurden somit zur Last der Steuerzahler.

10 Anhang

Kernkapital	Ergänzungskapital	Drittrangmittel
Überwiegend rechtsformabhängig	Überwiegend rechtsformabhängig	Rechtsformunabhängig
	Ergänzungskapital I . Ungebundene Vorsorgereserven nach §340f HGB . Vorzugsaktien (mit Nachzahlungsverpflichtung) . Rücklagen gem. §6 EStG aus Immobilien . Genussrechtskapital (Genussrechtsverbindlichkeiten) . Neubewertungsreserven . (Wertberichtigungsüberschuss von IRBA-Instituten) **Ergänzungskapital II** . Längerfristige nachrangige Verbindlichkeiten . Haftsummenzuschlag	. Nettogewinne im Handelsbuch . Kurzfristige nachrangige Verbindlichkeiten . zzgl. Gekapptes Ergänzungskapital

Abb. 6 Die Zusammensetzung der Eigenmittel der Institute.

10.1 Definitionen

Wandelanleihe

(auch Wandelschuldverschreibung, Wandelobligation, engl. Convertible bond) ist ein von einer Anteilsgesellschaft ausgegebenes und in der Regel mit einem Nominalzins ausgestattetes Verzinsliches Wertpapier, das dem Inhaber das Recht einräumt, es während einer Wandlungsfrist zu einem vorher festgelegten Verhältnis in Aktien einzutauschen.

Pflichtwandelanleihe:

Eng. Mandatory convertible security (MCS) ist eine besondere Variante der normalen Wandelanleihe, bei der die Rechte der Investoren eingeschränkt sind. Während der Anleger bei einer herkömmlichen Wandelanleihe bis zum Laufzeitende die Wahl hat, ob er diese in Aktien umwandelt oder nicht, ist bei einer Pflichtwandelanleihe die Wandlung in Aktien spätestens zum Laufzeitende verpflichtend. Dadurch tragen Investoren ein höheres Risiko, im Fall fallender Kurse selbst Renditeverluste zu erleiden. Sie hat somit den Charakter einer Anleihe, die während der Laufzeit einen Kupon zahlt, jedoch spätestens am Ende mit jungen Aktien getilgt wird. Aufgrund der verpflichtenden Wandlung in Aktien, die über die Ausgabe junger Aktien getätigt wird, stellt die Pflichtwandelanleihe eine indirekte Kapitalerhöhung mit verbundenem Verwässerungseffekt dar. Da diese sich jedoch über einen vergleichsweise langen Zeitraum erstreckt und erst auf dem zweiten Blick ersichtlich ist, findet diese Art der Kapitalerhöhung in der Öffentlichkeit bisher weniger Aufmerksamkeit.

Preferred Security

Trust-preferred-securities are investments that possess debt and equity attributes. The unique combination of debt, and preferred stock is generally considered to be a viable long-term investment, although a trust preferred security does allow for early redemption by the issuer of the security. Many examples of an investment of this type will also carry the ability to defer interest payments for up to five years after the initial date of issue.

Übersetzung:

-Investitionen, die Fremd- und Eigenkapital- Eigenschaften besitzen. Die einzige Kombination von Schulden und Vorzugsaktien wird als lebensfähige Langzeit-Investition angesehen, obwohl die „Trust Preferred" Sicherheit eine frühe Auflösung durch den Sicherungsgeber erlaubt. Viele Formen von Investitionen diesen Typs haben außerdem die Eigenschaft Zinszahlungen, um bis zu fünf Jahre nach dem Erstellungsdatum, zu verschieben.

10.2 Abkürzungsverzeichnis

AG	Aktiengesellschaft
AGB	Allgemeine Geschäftsbedingungen
AGBSp	Allgemeine Geschäftsbedingungen der Sparkassen
BaFin	Bundesanstalt für Finanzdienstleistungsaufsicht
BAK	Bundesaufsichtsamt für Kreditwesen
BAWe	Bundesaufsichtsamt für Wertpapierhandel
BBank	Bundesbank
BdB	Bundesverband deutscher Banken
BilMoG	Bilanzrechtsmodernisierungsgesetz
BVR	Bundesverband der deutschen Volksbanken und Raiffeisenbanken e.V.
CRD	Capital Requirements Directive = Richtlinie über Eigenkapitalanforderungen
EAEG	Einlagensicherungs- und Anlegerentschädigungsgesetz
EdB	Entschädigungseinrichtung deutscher Banken
EdÖ	Entschädigungseinrichtung des Bundesverbandes öffentlicher Banken Deutschlands
EdW	Entschädigungseinrichtung der Wertpapierhandelsunternehmen
eG	Eingetragene Genossenschaft
ESZB	Europäisches System der Zentralbanken
EZB	Europäische Zentralbank
EZB-VO	Verordnung der Europäischen Zentralbank
FinDAG	Finanzdienstleistungsaufsichtsgesetz
FMS	Finanzmarktstabilisierungsfond
FMStFG	Finanzmarktstabilisierungsfondsgesetz
GenG	Genossenschaftsgesetz
GHOS	Group of Governors and Heads of Supervision
GmbH	Gesellschaft mit beschränkter Haftung
HGB	Handelsgesetzbuch
InsO	Insolvenzordnung

KG	Kommanditgesellschaft
KGaA	Kommanditgesellschaft auf Aktien
KWG	Kreditwesengesetz
Likobank	Liquiditäts- Konsortialbank
LiqV	Liquiditätsverordnung
m.W.v.	Mit Wirkung vom
Nrn.	Nummern
OHG	Offene Handelsgesellschaft
RstruktG	Restrukturierungsgesetz
SolvV	Solvabilitätsverordnung
VÖB	Bundesverband öffentlicher Banken Deutschlands
VwGO	Verwaltungsgebührenordnung
WpHG	Wertpapierhandelsgesetz

10.3 Inhaltsverzeichnis Internet-Seiten

www.bafin.de

www.bankenverband.de

www.bgbl.de

www.bundesbank.de

www.dejure.org

www.ec.europa.eu

www.economia48.com

www.eur-lex.europa.eu

www.europa.eu/legislation-summaries/

www.gesetze-im-internet.de

www.gesetzgebung.beck.de

www.jusline.de

www.konto.com/einlagensicherung

www.tagesgeld.info

www.voeb.de

www.wirtschaftslexikon.24.net

10.4 Inhaltsverzeichnis Literatur

Bankaufsichtsrecht, Entwicklungen und Perspektiven, Frankfurt School Verlag, 2010, Simon G. Grieser Manfred Heemann (Hg.)

Der Einlagensicherungsfonds des Bundesverbandes deutscher Banken im Lichte des Versicherungsrechts, VVW Karlsruhe, 1990, Harald Vogelsang

AGB-Banken und Sonderbedingungen Kommentar, Verlag C.H.Beck München, 2007, Hermann-Josef Bunte

Alles über Bankgeschäfte, Beck-Wirtschaftsberater im dtv, 2004, Gerke und Kölbl

Allgemeine Bankbetriebswirtschaft, Gabler, 2008, Olaf Fischer

Anlegerschutz – Einlagensicherungsfonds, Grin Verlag für akademische Texte, 2005, Stefan Göbel

Baknbetriebslehre: Bankgeschäfte und Bankmanagement, Gabler, 1997, Hans E. Büschgen

Bankgeschäfte und Bankmanagement, Betriebswirtschaftlicher Verlag Dr. Th. Gabler GmbH, 1998, Hans E. Büschgen

Bankinsolvenzen im Spannungsfeld zwischen Bankaufsichts- und Insolvenzrecht, Duncker & Humblot Berlin, 2005, Jens-Hinrich Binder

Bankrecht schnell erfasst, Springer, 2006, Stanislav Tobias

Bankrecht, dtv, 2009 in Verbindung mit ESAE-neu im www.dejure.org

Bankrecht: Grundlagen der Rechtspraxis, RWS Verlag Kommunikationsforum GmbH, 2000, R. Fischer, T. Klanten

Der Bankbetrieb, Gabler, 1996, Adrian, Reinhold

Einlagensicherung und Anlegerentschädigung, Mohr Siebeck, 2008, Bigus und Leyens

Einlagensicherung und Wettbewerb, Nomos Verlagsgesellschaft Baden-Baden, 1997, Markus Schöner

Geldwirtschaft: Geldversorgung und Kreditpolitik, Duncker & Humblot, 1977, Claus Köhler

Haftungsfreizeichnung bei Bankgeschäften in den Allgemeinen Geschäftsbedingungen der Banken, Bankrechtliche Sonderveröffentlichungen des Instituts für Bankwirtschaft und bankrecht an der Universität zu Köln, 2002, Claudia Zieschang

InsO, dtv, 2009

KWG, dtv, 2009 in Verbindung mit KWG neu im www.dejure.org

KWG, Kreditwesengesetz Kommentar, Verlag C.H.Beck München, 2009, Schwennicke, Auerbach

The Design and Implementation of Deposit Insurance Systems, International Monetary Fund, 2006, No. 251, Hoelscher, Taylor, Klueh